40歳を過ぎたら読む！

銀行員のハッピー・サバイバル術

happy survival

吉村輝寿
Teruhisa Yoshimura

幸せなリタイアにつなげるために

近代セールス社

銀行員生活も終盤を迎えたころ、
突然訪れる大きな転機。
ポストオフ、希望退職の募集、合併、出向……。
本書は、そこで皆さんが誤った選択をすることのないよう、
選択のためのヒントを提供できればと思って書いたものです。
ただ生き残るだけのサバイバルではなく、
幸せなリタイアにつながっていく
そんなハッピー・サバイバルのために。

プロローグ
――銀行員42歳、転職という決断

Aさんは42歳。地銀の中型店舗の融資課長である。同期の中には小型店の支店長に登用された者もいるが、支店長からは「焦らず、もうひと場所大きな店の課長で修行を積んでから支店長を目指すのもよいのでは」と、遠回しに次の異動での支店長昇格は難しいと言われていた。

そんなある日、工作機械メーカーの役員をしている義理の父から、「当社の財務部長が体調不良で退職するので後任を探している。もし君が興味があれば社長に推薦するのだが」と電話があった。Aさんはもともと、小さい頃からものづくりに興味があり、一時は「メーカーに就職するのもいいかな」と考えた時期もあった。

結局、親の勧めもあり銀行に入ったが、取引先のメーカーの人と話すのが楽しみで、設備更新の融資を初めて担当した時は、間接的ではあるがものづくりに参加でき、とてもうれしかった。そして、企業が「ヒト、モノ、カネ」からできているにもかかわらず、多くの銀行員の目が「カネ」の部分ばかりに行っていることに、Aさんは課長になった今でも不満を持っていた。

銀行だけが人生ではない

Aさんは安定した生活が送れることが銀行に勤める最大のメリットだと思っていたが、最近は収益の悪化で昇給昇格が難しくなり、社宅の家賃も引き上げられるなど、状況が変わりつつあることは身をもって認識していた。

近頃はネットや雑誌で「危ない地銀ランキング」といった記事を見つけると、焦って自分の銀行の名前を探すようになっている。そこにいつも世話になっている義理の父からの話である。昔であれば即座に断っていただろうが、今回はその会社の内容について調べることにした。

すると、会社の売り上げは三百億円程度だが、社歴は古く、業績や財務体質も良好で、何より技術力に定評があり販売先にも大手メーカーが並んでいた。義父に会社の雰囲気について聞いてみたが、「メーカーなので少し地味だが、真面目な人が多く、雰囲気も悪くない。社長は二代目だが技術者上がりで誠実な人だ」とのことであった。

妻に相談してみたが、事前に義父から話があったようで「お父さんと一緒の会社に勤めるなんて思ってもみなかった」と大いに乗り気である。これには、「彼女の中で『銀行員の妻』の価値がこんなに下がっているのか」と残念な気もした。

転職など今まで全く考えなかったが、技術力があり、業績が安定し社内の雰囲気も悪くないと知り、Aさんは「銀行に勤めるだけが人生ではないのでは」と徐々に思い始めた。確かに給料が下がり生活が多少苦しくなる点は心配で

あったが、ものづくりに関われることが大きな魅力で、義父が役員にいることも心強かった。

結局、Aさんは話があってから1カ月後に銀行に退職願を出したが、会社は思ったよりあっさりと退職を認めてくれた。「自分は会社の人減らしに協力したのか」と少し寂しい感じもしたが、新しい会社でのこれからの生活を考えるとそれほど気にはならなかった。

会社での自分の存在価値は…

4月、新しい会社での勤務が始まった。事前の面接で社長から「お義父さんさんから、大変優秀な銀行マンだったと聞いている。先々は管理部門全般を見てくれればと思っており大いに期待している」との話があり、晴れ晴れとした気持ちでの出社であった。

ポストは予定どおり財務部長だったが、部下は5名と小じんまりとしていた。部下の男性3名のうち2名は入社以来財務部に在籍しており、知識も極めて豊富であった。ただ、３名とも口数が少なく黙々と仕事をするタイプで、コロナ禍で歓迎会がなかったこともあり、コミュニケーションのきっかけがないままに毎日が過ぎていった。

仕事に関して、Ａさんがまず困ったのは簿記の知識がなく、仕訳の実務ができないことであった。部といっても所帯が小さく決算時には全員総出で作業をしていたようで、前任の部長のように作業を手伝うことができず、部下に対し大変に申し訳なく思った。そして、銀行の時は決算書を受け取ると財務分析を行い顧客にあれこれと質問していたが、それと決算書作りは全く別物であることを身をもって感じたのだった。

転職先は大企業ではないが、管理部門と製造部門の間に溝があり、財務部長が気軽に工場に行き、あれこれと話を聞くことは難しい様子であった。メーカーなので当たり前だが、社内では製造部門がメインで財務などの管理部門は影が薄い。工場の設備増設などは社内の根回しが終わった後に財務に話が来るらしく、その時に「過剰投資だ」と反対するようなことは難しいようだった。

また、この会社では銀行出身者が財務部長となるのは初めてで、社員はかなり警戒しているようだった。「銀行とは連絡を取っているのですか」「元銀行員から見ておかしなところはありますか」なとと話しかけられることがしばしばあり、何かにつけ銀行に報告しているのではと疑っているようであった。

そんな毎日が続き、徐々に「銀行出身の自分は社内で存在価値をどのようにして出していけばよいのだろうか」と不安になっていった。簿記の知識が十分でなく、入ってくる情報にも限りがある。次第に、伝票に印を押すのが毎日の主な仕事になっていった。時間を持て余し、朝から晩まで慌ただしかった銀行員時代が懐かしく感じるようになった。

メインバンクからの叱責と妻の不満

決算がまとまり、銀行への説明の時期となった。メインバンクには社長とAさんが訪問し、説明を行うことになった。

事前に聞いていたとおり、担当の課長は態度が大きく、Aさんがライバル行から来ていることを知って、重箱の隅をつつくような質問を繰り返してきた。

着任後まだ数カ月ということもあり、その質問に十分に答えられなかったAさんは、明らかに年下のその課長から「Aさんは銀行出身ですよね。もう少しともな説明ができませんか」と厳しい口調で言われることになった。

メイン先でもあり、丁重に謝り、補足資料を後日届けることで何とか納得してもらったが、この人とこれから付き合うのかと思うと暗い気分になってしまった。

7月中旬、初めての賞与支給日に家に帰ると、妻が元気のない様子でリビングに座っていた。何かあったのかと話を聞くと、今日銀行に行って通帳を記入したが、賞与が今までの半分以下で驚いてしまったとのこと。「給与が減るのは覚悟していたが、賞与がこんなに少ないとは聞いていない。なんで教えてくれなかったの」と非難されてしまった。

「転職に賛成していたのに今さら何を言うのだ」と思ったが、「転職直後だから仕方ない。また徐々に増えていくはずだ」と、とりあえず答えて妻をなだめるしかなかった。

よく考えて決断しても

Aさんの転職は、行き先の財務内容も良好で、妻も賛成し、ポストは銀行時代の知識や経験が生きる財務部長、義父も役員として在籍しているなど、条件的にはかなり恵まれていた。それでも転職してみると、予想外の事態が相次いで起こり、気持ちがどんどんと暗くなっていって、銀行時代を懐かしく思うようになった。

いまAさんは、自分が下した転職の決断が本当に正しかったのか疑問を感じている。

銀行員は若い頃は会社の敷いたレールの上をひたすら前に進んでいくが、40歳を過ぎたあたりから自分の将来について考える場面が少しずつ出てくる。

例えば

・思ったほど評価されておらず、銀行での自分の将来が見えてしまった
・希望退職の条件が魅力的で、仲の良かった同期も手を挙げている
・田舎の親から、体が不自由になったので帰ってきてほしいと言われた
・合併後の新しいカルチャーに馴染めず新銀行の居心地が悪い
・銀行の卒業が近くなり、将来についての希望を提出しなければならない
・一般先に出向したが、聞いていた話と違い、今後を考えると不安で仕方がない

などの状況に置かれ、何らかの決断が求められることになる。

しかし、多くの銀行員は入行以来、自分の将来を左右するような問題に直面する機会がほとんど無かったため、そうした状況に対処するための経験が乏しく、場当たり的な判断をしがちである。また、判断を先送りしたり、銀行に迷惑が掛かると必要以上に我慢してチャンスを逃したり、よく考えずに大勢に従って後悔することも多いのである。

長い銀行員生活の中で、筆者も多くの銀行員の〝選択〟を見てきた。幸せの中でリタイアを迎えた人もいれば、落とし穴にはまってしまった人もいる。どうす

れば、落とし穴にはまることなく、銀行員生活の終盤を幸せに、充実して送ることができるのか。その分かれ目はどこにあるのか――。

本書では、銀行員が40歳以降に遭遇する様々な重要な出来事を、先ほどのAさんのような登場人物の助けを借りて紹介し、**それぞれの場面でどんな点に注意して行動すれば、落とし穴にはまることなく、明日につながるハッピー・サバイバルを成し遂げられるのか**を具体的に説明するつもりである。

なお、最後に、本書の執筆にあたり、粘り強くサポートいただいた飛田浩康さんに深く感謝申し上げる。

吉村輝寿

もくじ

プロローグ——銀行員42歳、転職という決断……2

第1章 突然のポストオフ 15

1 ポストオフは銀行からの裏切りか？……16

2 早めのポストオフは新たなチャンスと考える……22

第2章 転職・独立という選択肢 31

1 希望退職は魅力ある選択か？……32

2 「こんなはずではなかった」にならないために 38
3 銀行からの転職を失敗しないためには 46
4 独立開業というチャレンジ 50

第3章 合併後の混乱を生き抜く 61

1 店舗統合のリアル――そこで何が起こるか？ 62
2 合併の犠牲にならないためのサバイバル術 78

第4章 出向・転籍の時期を迎えて 87

1 一般先への出向を迷っている人へ 88

2 人事部から具体的な話があったら……105
3 出向先に馴染めず困っている人へ……113
4 銀行から「親離れ」し
出向先で居場所を得るには……130
5 転籍先に貢献する……139
エピローグ――OBと呼ばれる立場になったら……151

第1章

突然のポストオフ

1 ポストオフは銀行からの裏切りか？

Bさんは48歳。今の店が初めての支店長で、2年間部下と共に全力で頑張ってきた。その結果、店はグループ内でも上位の成績を残すことができ、自分も次は前任者と同じく中規模店の支店長になれると内心期待していた。

3月末に人事部から「明日9時に来てほしい」との電話があり、部下にその話を伝えると「いよいよ支店長が動くのか」と店内は急にざわつき始めた。そして、他の店からも支店長の異動に関する情報が入り、「となるとウチの支店長の次の店はここか」と予想する部下や、「明日のお祝いの店はどこにしましょうか」と副支店長に相談を持ちかける気の早い部下も現れた。

翌朝、Bさんは「スリム化で支店長がポストオフになる話もあるが、店の成績から考えて自分は大丈夫だろう」と思いながら本部に向かった。ところが、頭取から発令されたポストは支店長でなく監査部の監査役であった。

「頑張ります」と言ったものの頭が混乱し、多少のふらつきを感じながら監査部に向かった。ショックを受けたまま挨拶に来る人は珍しくないようで、応対に出た次長から「しばらくすれば慣れますから」と意味不明のことを言われ、その場は終わった。

店に戻ると、Bさんの表情から何かを察し部下たちは皆黙っていたが、一人の部下が外出先から戻るなりBさんに「次の店はどちらですか」と聞いてしまった。
Bさんが少し口ごもった後に行き先は監査部だと話すと、今まで黙っていた部下から、「おめでとうございます」と小さめの声があがった。
Bさんは行き先を話したことで気が楽

になり、異動までは部下の決めたスケジュールを淡々とこなそうと思った。

夕方、Bさんが支店長室で私物の整理をしていると、昨日「次はこの店の支店長だ」と盛んに言っていた部下が「ポスト外しの目もあったんだよ。黙っていたけど」と話しているのが聞こえてきた。彼はBさんがまだ戻っていないと思っているらしく、それから次の支店長が来る店に電話し、新支店長の性格やキャリアなどを盛んに聞き出していた。

妻、取引先、部下、それぞれの反応

その夜、家に帰り妻に異動の話をすると、「よかったじゃない本部で。また引っ越しだったらどうしようかと思っていたのよ。早く帰れるんだから子供の勉強も見てよ」との答えが返ってきた。

これ以上話しても無駄だと思い、早めにベッドに入ったが、眠れるはずもなく、「今まで銀行のために一生懸命働いてきたのは何だったのか。銀行に裏切られた」との思いが頭の中を駆け巡り、よく眠れぬまま朝を迎えた。

翌朝から異動の挨拶回りを始めたが、銀行の事情に詳しくない顧客からは「本部にご栄転とのことで誠におめでとうございます」と笑顔で出迎えられた。実情を話しても仕方がないと思い、Bさんは簡単に礼を述べ、次の先に向かった。

送別会では部下からお礼や感謝の言葉があったが、しばらくすると酒が入った課長や次席がそばに来て「支店長にはもう一場所支店長をやってほしかった。うちの銀行は何を考えているんだ。〇〇さんは大店の支店長になったのに」と騒ぎ出し、Bさんがなだめ役に回るハメになってしまった。

支店とは異なる監査部の雰囲気

監査部に着任すると、自分より年上の人ばかりで支店とは全く雰囲気が違うことにまず驚いた。監査部には自分の知っている先輩が何人もおり、昔の上司で当時厳しく叱られた人から「Bくんじゃないか、久しぶりだね。僕も支店にいたんだが5年前に心臓を悪くしてね、それ以来ここにいるんだ。まあ、よろしく」と声をかけられたが、すっかり白髪になり別人のようであった。

皆、淡々と仕事をしていたが、斜め横に座っている人だけは熱心に仕事をしており、雰囲気が他の人と全く違っていた。Bさんは、自分は今回の異動で落ち込んでしまったが、あの人はどうだったのかいつか聞いてみようと思った。

ポストオフの時は誰にでも訪れる

近年、銀行の収益状況は悪化しており、組織のスリム化、人件費の削減は喫緊の課題となっている。そのため支店長を始めとするライン長が早めにポストオフされる事態が起きており、そのまま子会社等に転出向することもあるが、監査部やコンプライアンス部へ異動になることも多い。というのも、銀行は内部管理態勢の強化を金融庁から指示されており、ポストオフとなったベテラン行員は経験豊富でその要員としてまさに適任だからである。

ただ、そうした事情はあるにせよ、今の店で良い成績を挙げてきたBさんが、より大きな店の支店長ポストを期待した気持ちも分からなくはない。年次の関係でこの店が最後と覚悟していたり、人事部から出向の話が来ていれば別だが、前任者が支店長や部長として栄転していれば、自分のポストオフに納得がいかず、銀行に裏切られたと思ってもおかしくはないだろう。

しかし、ぜひ考えてみてほしい。**早めのポストオフは本当に落ち込むような出来事なのだろうか。**まず、銀行の組織はピラミッド型になっており、上に行くにつれ絞り込まれ、頭取になる人以外は誰でもどこかの時点でポストオフの対象になる。Bさんのように支店長を一場所務めてポストオフされた人は「もう一回支店長をやりたかった」と思い、大型店の支店長で終わった人は「役員になりたかった」と思い、一般の行員からすれば十分に偉くなった副頭取でさえ、「なぜ頭取になれなかったのか」と嘆いたりするのである。

要は、タイミングの早い遅いはあるにせよ、**銀行の組織の中で生きていく限り、どこかで悔しい思いをするのは皆同じ**なのである。

2 早めのポストオフは新たなチャンスと考える

ここでもう一つ、ポストオフとなった人に考えてもらいたいことがある。それは、銀行を卒業した後の、リタイア後の人生についてである。

昔は、第二の職場で60歳まで勤め、退職後しばらくすると平均寿命の60代半ばになってしまったため、リタイア後の人生をいかに過ごすか考える必要はほとんどなかった。

しかし、今は男性の平均寿命は80歳を超えている(2021年81・47歳)。銀行を50代前半で卒業すると約30年、第二の職場で65歳まで勤めたとしても約15年の人生が残っており、銀行退職後の新たな生き甲斐や目標などを見つけないと実りのない人生が延々と続いてしまうのである。そして、**これまで目標や生き甲斐は銀行が与えてくれたが、今後は自分で見つけなければならない**のである。

しかし、会社の手厚い保護の下で暮らしてきた銀行員は、退職を迎えても「自分のキャリアは銀行が考えてくれる」「銀行に任せておけば何とかしてくれる」といった考えが抜けず、「これからの人生については自分で考えろ」と言われても困ってしまうのである。

やりたいことは早めに始める

仕事をやめたら好きな山登りをしたい、俳句を始めたい、ゴルフ三昧の日々を送りたい、語学を勉強したい、海外に移住したい、など様々な夢や希望をサラリーマンは持っている。しかし、65歳や70歳まで第二の職場で勤務した後に、こうしたことを始めても上手くいかないことが多い。というのも、その年齢になると体力が落ち、病気になる可能性もあり、新しいことを始める意欲や習得能力が低下してしまうからだ。

ゴルフは当然だが、俳句や写真なども、句会や展覧会で良い成績を取ってこそ面白い。65歳や70歳から始めても、よほどの才能がない限り、そのレベルには達しないものである。

スーパーボランティアとして有名な尾畑春夫さんは65歳で魚屋を閉め、日本縦断の旅に出たが、これは50歳の頃から計画をしていたそうだ（日本経済新聞夕刊2021年9月30日付）。**退職後にやりたいことがある人は銀行を退職する前から準備を始め、始められるものは今すぐ始めることが、夢を実現する秘訣**なのである。

銀行卒業後の選択肢

ここで、少し詳しく、銀行卒業後の生活について、どんな選択があるのかを考えてみたい。

第二の人生には銀行の世話になる場合と、ならない場合があるが、世話になる場合も銀行の関連先に再就職する場合と銀行の斡旋で一般の企業に行く場合の二つがある。

関連先に勤めると社員のほとんどが銀行ＯＢであり、仕事も銀行関連業務で、慣れた環境で働けることが最大のメリットである。しかし、銀行の上下関係がそのまま反映され、昇進もほとんどない。給与は銀行時代と比べかなり低くなり、60歳でさらにカットされるなど、収入面での魅力が乏しい点が問題である。

一方、銀行の紹介で一般先に行くと、収入が関連先より多く、頑張り次第で昇進の可能性もある。新たな環境でもう一度チャレンジしたい人にはおすすめだ。しかし、**会社のカルチャーになじめない、銀行出身を意識するあまり周囲から浮いてしまうなど、思わぬ苦労も多く、一般先に行く場合は相当の覚悟が必要**である。

選ぶ人は多くないかもしれないが、退職後は銀行の世話にならない選択肢もある。そして、この選択肢はさらに、自分で就職先を探す場合と、どこにも勤めない場合に分かれる。

自ら就職先を探す場合は銀行斡旋のときとは異なり、自由に会社を選べ、昔から自分の興味があった業界に行くことが可能である。しかし、新しい会社に適応できない場合や会社の業況が悪化した場合に、銀行に別の会社を紹介してもらうことはできず、独自に転職活動をしなければならない。

また、どこにも就職しなければ自由時間が増え、勉強、趣味、ボランティア、親の世話などが十分にでき生活の満足度は向上する。しかし、年金の受取りは早くても60歳からであり、不動産等からの収入か十分な貯蓄がないと経済的に行き詰まり、結局自分で再就職先を探さざるを得なくなる可能性がある。

ポストオフの効用

このように、銀行卒業後の進路にはいろいろな選択肢があり、どの道を選ぶのかは、卒業前によく考えておく必要がある。だが、支店長職を続けていると、そうした銀行卒業後の進路について、ゆっくり考える時間がないというのが実際だろう。

一方、ポストオフになると、それまでの目標達成のプレッシャーから解放され、定時退行の日も増え、時間に余裕ができる。異動先の同僚や、第二の職場に移った人からいろいろ話を聞くことも可能で、銀行退職後の生活についてじっくり考えることができるようになる。

その結果、退職後に関連会社に行くのか、銀行の斡旋で一般企業に行くのか、それとも銀行の世話にならないのかなどを主体的に考えることができ、退職後の夢の実現についてもおおよそのプランが見えてくるはずである。

最後まで支店長でいた人が、よく考えずに第二の人生を選択し、後悔することもある。**将来について考える時間を給料付きで与えられたと思えば、ポストオフは決して残念な出来事ではない**のである。

監査部勤務で生まれる新たな付加価値

ここで、先ほどのBさんがこれから担当する監査業務の社会的地位の向上について触れておきたい。

かつて我が国では、内部管理態勢の重要性への理解が乏しく、監査業務が評価されることは少なく、銀行内でも監査部については健康を害した人のポスト、出向までの待機ポストと捉える人がいた。

ところが最近は状況が一変し、内部管理の要としてコンプライアンスや監査部門の重要性が認識され、大企業だけでなく中小企業でもこれらの部門の充実が求められている。しかし、中小企業では内部管理の人材を短期間に育てることが難しく、銀行にコンプライアンスや監査の経験者の派遣を求めてきているのである。

こうしたことを考えると、Bさんにとって今回の監査部勤務は、自分の価値を高める絶好の機会であり、退職までの数年間は極めて大切な期間と言えるのだ。

元支店長の評価は高くない

支店長は現場のトップであり、誰でも一度は経験してみたいポストである。しかし、支店長に求められるのはゼネラリストとしての役割で、長く支店長を勤めても残念ながら専門的な知識は身につかない。そして、元支店長を受け入れてきた取引先の評価も「支店長を長くしていた人はお礼の挨拶に行くのは得意だが、自ら動こうとせず、会社に貢献できる専門的スキルもほとんど持ち合わせていない」などと厳しいものが多い。

最近の支店長は自分から動かざるを得ず、近い将来こうした評価が変わる可能性はあるが、それでも**専門性を求める取引先のニーズにはやはり応えられない**だろう。銀行は関連会社を含め人員削減が必要で、今まで取引先に人を送ってこなかった銀行も取引先に人の受入を依頼する可能性が高く、このときに取引先で役に立つスキルを持っているか否かで第二の人生は大きく変わることになる。

「退職までに支店長を何回か経験したい」といった従来の銀行員の考えも見直しの時期が来ているのである。

気持ちを切り替え、新たな一歩を

ここまで、「Bさんにとって早めのポストオフは本当に落ち込む出来事なのか」を考えてみたが、「ポストオフにより退職後の人生について考える時間ができ、監査の仕事を通して専門性を身に付けられることを考えれば、深く落ち込む必要は全くない」というのが結論である。

しかし、Bさんが「支店長をもう一度したかった」「どうして自分がこんなに早くポストオフになるのか」といった気持ちを引きずり、新たなチャンスに目を向けなければ、漫然と毎日が過ぎ、やがて退職のときが来てしまうだろう。

Bさんのショックも分かるが、**気持ちを切り替えて、早く新たな一歩を踏み出すことが大切**であり、斜め横の席で熱心に監査の仕事に取り組む人と話をすることがそのきっかけとなるかもしれない。

第2章

転職・独立という選択肢

1 希望退職は魅力ある選択か？

最近は銀行に入ったが馴染めず、1～2年で退職する人が増えているが、40歳を過ぎて銀行から転職をする人は目立っては増えていない。

「35歳転職限界説」を覆すほどのスキルが自分にないことを知っており、銀行にいれば、下がったとはいえ世間相場に比べ恵まれた収入が得られる。そう考えると、銀行の将来を不安視するような雑誌の記事を見ても、現在の生活を捨てるほどの勇気は出ず、「先輩たちがそうだったように、銀行は最後まで面倒を見てくれるのでは」と淡い期待にすがってしまうのである。

しかし、中には、銀行の仕事や体質への違和感が拭い切れなかったり、ポストオフがきっかけとなり、転職や独立をする人もいる。また最近は銀行でも希望退職の募集が行われ、退職金のインセンティブにひかれて転職や独立を考える人も出てきている。

名古屋の第二地銀の中京銀行は、他行に先駆けて2021年6月に希望退職の募集を発表した。対象は原則45歳以上の総合職、「退職者は会社都合として扱い、所定の退職金に加え割増退職金を支給する。また、希望者には再就職支援会社を通じた再就職支援を行う」とのことで、150人が応募した。

今まで銀行は「採用抑制と自然減により3年で総人員を10%削減する」といった人員削減策をとることが多かった。しかし、行員の自然減には時間が必要で、新人の給与は低く、採用を抑えても人件費削減効果は小さい。そのため銀行でもこれからは希望退職の募集が本格化し、**40歳以上の銀行員の転職や独立は「希望退職に応募して」が主流になる可能性がある。**

多額の退職金は魅力だが…

希望退職で魅力的なのは退職金の額である。割増退職金として年収の2〜3年分が上乗せされることが多く、対象となる行員は誰でも一度は心を動かされる。「これほどの退職金がもらえるチャンスはもう無いだろう。再就職までは退職金で暮らすことになるが、1～2年じっくり探せば良い先も出てくるはずだ。銀行も状況は厳しく、このまま定年まで勤めるよりよいかもしれない」などと思うのである。

しかし、**希望退職には思わぬリスクが隠されている**。まず、多額の退職金であるが、これは言うまでもなく、新たな勤め先が決まるまでの、さらに言えば、もしその転職先に馴染めず再度転職する場合には次の先が決まるまでの大事な生活資金である。ところが、**その虎の子の退職金を様々な誘惑に負けて毀損してしまう人がいる**のである。

さすがに再就職の前に夫婦で世界一周クルーズに出掛ける銀行員は少ないだろうが、長年欲しかった高額の外国車を購入する程度のことは十分ありうる。

また、退職者には様々な金融機関からDMが送られてくるが、その中でも定期預金と投資信託をセットで購入するプランは、定期預金と投信を組み合わせることで価格変動リスクが低減し、かつ定期の金利が優遇されるために魅力的に映る。

しかし、金利の優遇期間は3〜6カ月で投信購入の手数料で簡単に消えてしまい、投信の価格が下がれば大事な虎の子は目減りしてしまうのである。

銀行員であれば、こうした商品性を知らないことはないはずだが、投信を販売したことはあるが購入した経験がほとんど無い銀行員が多いためか、多額の退職金で気が大きくなり、しばしば分析不足のままハイリスク・ハイリターンの投信を購入し先々痛い目に遭ってしまう人が少なくないのである。

ゼネラリストの需要は多くない

退職金は全額定期預金に置いておき、取り崩しは生活資金のみとすることで退職金問題を一応クリアしても、肝心の再就職は思ったようには進まない。

30代初めの銀行員であれば社会的に認められるスキルや専門知識がなくとも「銀行に受かっており資質的には悪くないはずだ」「銀行で社会常識やビジネスマナーが身に付いているはずだ」といった期待感から採用してくれる企業がある。

しかし、**40歳を過ぎた銀行員の、特にゼネラリストの転職は容易ではない。**

話はすこし逸れるが、旧東京銀行には転職や独立をして成功する人が多かった。旧東銀は横浜正金銀行の伝統を引き継ぎ、国際金融や外為の分野で豊富な知識と経験を有していたことから、その出身者に対しては、外資系の銀行や外為取引を開始したい信用金庫、自ら海外進出したいメーカー、貿易商社などから引き合いがあったのである。つまり、旧東銀の行員は、毎日の仕事をする中で世の中に求められる知識やスキルが身に付き、そのため転職ができたのである。

しかし、預金や貸付業務を経験し管理職になった多くの銀行員の場合、蓄積した知識は行内でしか役立たないもので、あとはゼネラリストとしてのスキルがあるだけだ。ところが、第1章でも述べたように、**銀行出身のゼネラリストに対する社会のニーズは決して高くない**。「自分は支店で多くの部下を使い、十分な実績を上げてきた。経験も豊富で多くの企業から来てほしいとオファーがあるはずだ」と思っても、残念ながらそうしたオファーは来ないのである。

また、オファーがあったとしても規模の小さな企業からで、本人がイメージするような企業では既に人材が育っており、今さら銀行から人を受け入れる必要はない。

この本人の希望と現実のギャップを埋めるのが再就職支援会社の仕事なのだが、本人が無理な条件を並べ立てる、紹介した先を「こんな会社しかないのか」と突っぱねる、何回面談を繰り返しても決断しない、などで話は簡単には進まないことが多い。

このように、家業を継ぐ、知人から「自分の会社でポストを空けて待っている」といった具体的な話がある場合は別として、**希望退職は思ったより魅力的でないというのが現実だ。**

希望退職に応募する場合は、これまで手を挙げた人の再就職の状況をよく調べるとともに、**再就職先探しに際しては高望みせず、再就職先支援会社や周囲の意見を冷静に聞くことが必要**といえるだろう。

2 「こんなはずではなかった」にならないために

ここからは銀行員が転職をした後にしばしば直面する問題について話すことにする。こうした問題が起きることを事前に知っておいて転職するのと、転職して初めて問題に向き合うのでは心の準備や対応に大きな差が出るはずである。

ベンチャー企業への転職

退職時に40歳前後とまだ若い人は、将来性を考え、ＩＴやバイオなどのベンチャー企業を転職先として選ぶことがある。これまで銀行の古い体質の中で働いてきたが、これからは全く違った環境のベンチャー企業でサラリーマン人生を送ってみたいと思うのである。

また、ベンチャー企業のほうも、会社の歴史が浅く、ＩＰＯの準備等で内部管理の弱さを指摘されており、管理ができる人材を求めているところは少なくない。そのため、銀行からの転職者が管理本部長などで入社することは珍しくない。

ただ、本部長などといっても部下の数は限られ、体制作りは進んでおらず管理規定なども最初から作り上げなければならないというのが実態である。一方、銀行時代にハラスメント防止規定、個人情報管理規定などの勉強会を支店で行ったことはあっても、自分でこうした規定を作ったことがある人は少ない。

以前、銀行からベンチャー企業に転職した人の話を聞いたことがあるが、銀行のときの癖が出て、「完璧なものを作ろう」として一つ規定を作るだけでも大層苦労したそうである。しかし、休日出勤までして作業したにもかかわらず、規定作りは社内ではほとんど評価されず、「銀行員が来て余計な規則を作った」と陰口を叩かれ、時には平然と規定を破る社員も現れ、割の合わない仕事だったと話していた。

また、ベンチャー企業は良かれ悪しかれ社長のワンマン体制のことが多い。あるベンチャーの社長は商才に長け、業界でも知名度が高かったが、部下の評判は「頭は良いが、人の話を聞かず物事を進める」「パワハラ的な面がある」「仲間と遊ぶのに会社の金を使うが、社員の福利厚生には関心がない」「好き嫌いで昇給や昇格が決まり、社長とその取り巻きの人だけがいい思いをしている」などと散々であった。

ベンチャー企業の社長には、独立心が旺盛で、時流を読む力があり、ITスキルが高いなどの強みを武器に今日の地位を築いたという人が多い。しかし、それと人望がある、部下の使い方が上手いといったことは別物なのである。

そのためベンチャーに転職した銀行員の中には、今まで接したことのないタイプの人のもとで仕事をすることになり、慣れるのに時間が掛かってしまったという人が少なくないようだ。

失業のリスクも大きい

さらには、ベンチャー企業の倒産リスクについても触れておかなければならない。以前大手コンピュータソフトメーカーの社長から「10年前の同業者はほとんどが潰れてしまい、残っているのはごくわずかだ」との話を聞いたことがある。また、あるAI関連の企業は業容を急拡大させ、知名度も上がり銀行出身者を財務担当として採用していたが、過剰投資であっという間に倒産してしまった。

このように、ベンチャー企業は一般的に財務基盤が弱く、経営のノウハウも不十分で、会社が困難に直面すると短期間で倒産することが多い。失業のリスクも銀行とは比べものにならないほど大きいのである。

また、ベンチャー企業のオーナーには会社を売ることに抵抗感がない人が多く、突然経営陣が変わって人員整理や希望退職が行われ、社員が転職を強いられるケースもある。**「定年までこの会社で働く」といった考え方は通用しない**と考えておいたほうがいい。

予想外の事態は付き物

ベンチャー企業への転職に限らず、入社して思わぬ事態に直面し、困ったという話はいくらでもある。

・請われて研究員としてコンサルティング会社に移ったが、入社すると自分の案件は自分で営業して探すように言われた

・前職と同じ給与を保証すると面接時に言われたが、入社当日の辞令には銀行の時より数百万円少ない数字が書かれていた

・内部管理の仕事で営業職に移されることはないとの話で入社したが、1年後に営業の仕事に異動となった

・採用後に、最初の1年は見習い期間で、2年目以降に残るのは5人中1人だと言われた

など**転職に予想外の事態は付き物**なのである。

銀行に勤務している時であれば、第

1章で取り上げたポストオフや、全く経験の無い部門への異動といったことはあったとしても、会社が平気で約束を違えるようなことは普通はない。それだけに、こうしたことに慣れていない元銀行員のショックは決して小さくないのである。そして、「こんなはずではなかった」「自分の転職の判断が間違っていたのでは」と思い、再度の転職を考え始める人が多いようだ。

自らの意思で選んだ道のはずだが

転職すること自体も転職先も、自分で選んだ道のはず。であれば、たとえ困難があっても我慢して頑張れるのではないか、そう考える人も多いことだろう。ところが、現実は少々異なるようだ。

以前、旧北海道拓殖銀行や旧山一證券出身者で、転職先でたくましく生きている人と話をする機会があったが、彼らは準備や蓄えなしに突然自分の会社がなくなり、転職をせざるを得なかった人たちである。そして、家族を養うために十分吟味することなく転職先を決めた人もいたはずだ。しかし、後がないため、転職先で不満があっても、そこで頑張らざるを得ず、結果としてその会社に根を張ることに成功した人が多かったのである。

ところが、自らの意思で銀行を退職した人はある程度の蓄えがあり、特に希望退職の場合は多額の退職金を受け取って新しい会社に移ることになる。そのため逆に、問題が発生すると粘り強く頑張るどころか、自分の決断は間違っていたのではと新たな転職先探しに気持ちが行ってしまうことが多いようである。

強いられた転職より、自らの意思で転職したほうが頑張りが効かないというのは皮肉な話である。

転職の繰り返しはロスが多い

しかし、転職の繰り返しは思った以上にロスが多い。日本では給料や退職金は勤続年数に応じて増える仕組みになっており、転職を繰り返すと収入が思うように増えず、ローンやクレジットカードの審査も勤続年数が短いために承認されないことがある。

また、転職した場合、その会社で戦力になるにはかなりの時間とエネルギーが必要だが、転職癖がつくと「だめならまた転職すればいい」との気持ちから、我慢や頑張りが効かなくなることが多い。そして、転職を繰り返すうちに転職そのものが難しくなってくる。そもそも、退職者が相次いだり、業種柄採用に苦労している会社はともかく、転職の多い履歴書を目の前にして内定を出す会社は多くない。

このように、予想外の事態が発生し、そのために転職を繰り返すとかなりのロスが発生するので、**「何が起きても我慢し、その会社で頑張る」と固く心に決めてから転職をする必要があり、もしそこまでの気持ちになれないのであれば、転職は諦め、今の職場に留まるべきだろう。**

3 銀行からの転職を失敗しないためには

転職する側からすると「金融のプロ」を売り物にしたいところであるが、財務の部長や課長などのポストに付かない限り、自分の金融に関する知識が新しい会社で役に立つことはほとんどない。

となると、残るのは銀行にいた経歴だけとなるが、これが実に厄介で、銀行員のクセが抜けずに「稟議書なしで口頭で決裁してしまうのか」「まだ手作業でやっているのか」「銀行ではこんなことはあり得ない」「銀行と比べると相当遅れている」と、ことあるごとに文句を言い、周囲から「仕事もできないくせに会社の批判ばかりして」と嫌がられてしまうのである。また、管理が不十分な部分を端から指摘し、改善を上司に提案したり、部下に改善を命令したりもするのである。

本人は正しいことをしたつもりであるが、周囲の人間からすると今までのやり方で問題は特に発生しておらず、新しい方式はただ面倒なだけに思えてしまうのである。**「正しいことをして迷惑がられる」は銀行出身者が転職直後によく犯すミス**である。

まずは仕事を覚えることに専念し、会社批判はしばらくは控えることだ。もし「社内体制の不備」「システム化の遅れ」「コンプライアンス違反」「正論の通らない組織」といったものに一日たりとも耐えられないのであれば、転職は止めたほうがいいだろう。

中途半端な気持ちでは失敗する

これまで銀行からの転職者を数多く見てきたが、成功した人はそれほど多くない。転職先で才能が開花し銀行での定年までの給与を数年で稼いだ人もいる一方で、外資系の投資銀行に高給で移ったが何年後かに辞めざるを得なくなり、その後は行方不明という人もいる。また、転職を重ねるうちに年収が減り、生活が苦しくなったという話もよく聞く。

転職が失敗する理由は、自分の能力の過大評価、転職先に対する事前調査不足、プライドが邪魔しての新しい職場への不適応など様々だ。しかし、もともと銀行の処遇や職場環境は悪くなく、それを上回るものを獲得するには相当な努力と運の強さと、そして何よりタフなマインドが必要なのである。

中途半端な気持ちで転職した人はほとんどが失敗しており、後悔している人も少なくないという事実は知っておきたい。

マスコミの記事に踊らされるな

最近の銀行員の転職は、「フィンテックで銀行がなくなる」といったマスコミの記事がきっかけのことがよくある。フィンテックが銀行の存在を危うくするといった話は、ネット販売の影響で百貨店業界が不振になったニュースなどを見ると現実味があるもののようにも思えてくる。しかし、銀行が扱う商品は「お金」であり「早く」「安く」「便利に」も大事であるが、「正確に」「安全に」「安心して」が消費者にとってはより重要で、自分の金融資産や取引をすべてフィンテック企業に移すとは思えないのである。

例えば給与がスマホの決済アプリに直接入金される「デジタル給与払い」の解禁も、銀行口座から資金を移動させる必要がなく「便利」だが、給与が業者の破綻やミスで入金にならなかった場合の対応については不安が拭いきれない。そのためデジタル払いを利用する場合も、給与の一部にとどまり、残りは銀行口座に入金する人が多いと思われる。そして、他の金融取引においても、利便性が高くコストの安いフィンテック取引と安全性や安心度の点で優る銀行取引が併存することが今後予想され、「フィンテックで銀行がなくなる」のではなく、銀行とフィンテック企業の間で新しい関係が築かれるはずで、**「銀行がなくなる」といった記事に踊らされ転職を考えるのは賢明な判断とは思えない**のである。

4 独立開業というチャレンジ

Cさんにはかねてから独立の夢があり、仕事の傍ら勉強を重ねて中小企業診断士の資格を取得していた。支店長になっても、その知識を活かして取引先に様々なアドバイスを行い、「今度の支店長は違う」と高い評価を得ていた。しかし今回、支店長として1年半勤務したところで希望退職の募集があり、「割増退職金をもらえば独立資金の目処が立つ。このチャンスを生かさない手はない」と迷わずに手を挙げたのだった。

独立に反対していた妻も最後には了解し、取引先との送別会では今までの助言に対する感謝と今後への激励の言葉が相次いだ。退職金も口座に振り込まれ、事務所もターミナル駅そばのビルの中に構え、いよいよ長年の夢が叶う日を迎えたのだった。

銀行時代の取引先訪問はクレームに

中小企業診断士としての顧客開拓の第一歩として、Cさんはまず、支店の取引先を訪ねることにした。ところが、取引先を訪問してみると、今までとは態度が全く違っていた。

ある取引先ではいつも通されていた社長室ではなく、出入りの業者用の場所で待たされ、社長が出てくると迷惑そうな顔でいきなり「何の用ですか」と言われた。とても「コンサルのニーズはありませんか。顧客になりそうな取引先を紹介していただけませんか」とは言い出せなかった。

「近場に来たのでご挨拶と思い」と手短に面談を終えたが、そのとき思い出したのは、新任支店長研修の際に言われた、「顧客が頭を下げているのはあなた個人ではなく、支店長の肩書に対してなのでくれぐれも間違えないように」という話だった。ただ、それにしても、これほど態度が変わってしまうのかとCさんは唖然としたのだった。

その後何社か取引先を訪問したところで、後任の支店長から電話があり「Cさんがコンサルの営業に来て困っている、との声が取引先から出ています。申し訳ありませんが、そうした動きは控えていただけませんか」と言われてしまった。

「確かに、すでに銀行を離れたのだから、銀行の取引先にアプローチするのはよくないかもしれない。しかし、他に有力な顧客開拓のルートもないし、希望退職に応じ、銀行の人員削減に協力したのだから、少しは大目に見てくれてもいいのでは」と思ったが、銀行の取引先に迷惑を掛けるのは本意ではないので、「分かった。これからは気を付ける」と言って電話を切った。何のことはない。Cさんの独立活動はスタートでつまずいてしまっ

たのだ。

悪戦苦闘の毎日

Cさんは方向転換し、銀行の取引先以外の顧客開拓に力を入れることにした。まず、退職の挨拶を兼ねて事務所開設の案内を友人や先輩に発送し、次にホームページを作成することにした。見積りを取ると製作費が約30万円で、更新およびメンテナンス費用が毎月1万円掛かるとのことで決して安くは思えなかった。

銀行の支店長時代は30万円は小口で即座に決裁していたが、個人事業主になると30万円も貴重である。銀行出身の中小企業診断士のホームページを参考に掲載する内容を決めたが、得意分野は資金繰り改善、借入圧縮、各種制度融資利用促進などと書いたものの、受託案件の実績は当然ゼロで、アピール度不足の気がしてならなかった。

中小企業診断士の団体にも加入し、勉強会や懇親会に参加して名刺交換を行い、案件紹介の依頼もしたが、支店長の肩書があった時は余裕を持って話せたのが、今は自分に自信がないためか売り込みが上手くできず、名刺を渡して2~3分で話が終わってしまうことが多かった。

結果として初年度の受託案件は4件に止まり、正式顧問契約を結んだ先はなく、初期投資分を差し引くと収支は赤字であった。2年目は案件数も増え、手応えもかなり感じたが、事務所の家賃や様々な経費を引くと収支は若干のプラス程度に止まった。

事務所に就職することに

この2年間の生活費は退職金の取り崩しで賄ったが、子供の入学金などもあり貯金残高はかなりの減少となった。当然、独立に当初反対していた妻からの風当たりは強く、3年目は何としても生活費を賄うレベルにまで売上を伸ばそうと必死で頑張ったのだが、連日深夜まで仕事をしていたのがたたったのか、風邪をこじらせ肺炎で2週間入院してしまった。

この入院は体力に自信のあったCさんにとってはかなりのショックで、入院中に「これ以上一人で仕事をしていくのは難しい。回復を待って中小企業診断士の事務所に所属しよう」と決心した。以前、回転寿司の職人の中には、自分の寿司店を持ったが上手くいかず、回転寿司チェーンに就職した人もいると聞いたことがあった。自分も同じだと病院の天井を見ながらCさんは思っていた。

再就職先としてはコンサルタント会社や一般企業なども考えたが、診断士の仕事に特化したいと考え、中小企業診断士事務所を選んだ。事務所の代表者は三十代後半と若く職場も活気があり、案件獲得の苦労もなく、収入も安定しそれはそれでよかったが、一担当者として勤務することになり、年下の代表者から仕事の進め方についてたびたび注意を受けた。年収は600万円程度で、何のために銀行の支店長のポストを捨てたのか分からない気もした。

自由に働けるのは魅力だが

Cさんのように40歳を過ぎて銀行を退職し独立する人は、それまでに資格を取得していることが多い。弁護士や公認会計士の資格は銀行に勤めながらの取得は難しいが、中小企業診断士やファイナンシャルプランナー（ＦＰ）は銀行の仕事と親和性が高く、会社も推奨しており、これらの資格を取得し将来独立することは十分に可能である。

中小企業診断士の年収は７００〜８００万円、ＦＰは４００〜６００万円と40〜50代の銀行員の収入と比べると決して高くはないが、仕事が軌道に乗れば定年がなく働けることは大きなメリットで、組織の一員としてでなく、自分の意思で自由に働いてみたいと思う人にとっては魅力的な選択肢である。

ただ、開業資金は希望退職の割増退職金で捻出したとしても、顧客の開拓は簡単ではない。銀行時代の取引先の中から顧客を見つけ、そこから広げていくことをまずは考えるが、Cさんのように**銀行からストップが掛かることも十分あり得**

る。となると、それ以外の先から顧客を探すことになるが、銀行は基本的には待ちの営業であり、攻める時も優越的地位を利用しての営業が多く、40歳過ぎての看板無しでの営業は苦労が多く、実績も思うようには伸びないのである。

毎月給与が振り込まれる有難さ

銀行だと、40歳前後であれば1000万円程度の年収があり、毎月決まった日に給料が振り込まれ、それが当然のようになっている。ところが、独立すると収入は安定せず、なおかつ最初は仕事が少なく収入も限られており、自分の独立の決断を後悔することもなくはない。

最近亡くなった有名な作家が「高齢になったが、今でも徹夜して仕事をしている。来た仕事を断ると次が来ないのではと思い、ついつい仕事を受け過ぎてしまうのです」と話していた。また、テレビでお笑い芸人が「仕事ください」とよく大声で叫んでいる。こうしたことを耳にしても、銀行にいた時はピンと来なかったが、独立するとその気持ちが実によく分かり、「仕事があり毎月給与が振り込まれる」ことの素晴らしさを身を持って感じてしまうのである。

退職金も希望退職の場合は別だが、自己都合だと、期待した額を大きく下回ることを覚悟しなければならない。給与明細に今辞めた場合の退職金の額が書いてある会社もあるが、書いてなければ人事部に問い合わせてみてほしい。間違いかと思うほど低い金額を教えてくれるはずである。

また、独立すると自分の身体が資本で、健康を害すると収入が途絶えることになる。元気だからこそ独立を考えるのだが、40歳を過ぎれば大きな病気に見舞われるリスクは徐々に増してくる。万一、健康を害しても、銀行にいれば負荷の軽いポストへ異動させてもらい、金額は減るが毎月給与をもらえる。しかし、独立するとこうしたセーフティネットはなくなり、所得補償保険などの手段はあるが、補償期間が長くなると毎月の保険料がアップし収支を圧迫してしまうのである。

独立を成功させるには

つまり、独立すれば自由な働き方が可能で年収2000〜3000万円も夢ではないが、一方で収入は不安定でセーフティネットも不足している。独立はハイリスク・ハイリターンな選択肢なのである。

独立にあたり重要な点はいかに顧客を開拓できるかだが、確たる見通しもなく「割増退職金で食い繋げるので、その間に真面目にコツコツやっていれば顧客も徐々に増えるだろう」といった考えでは成功しない。

独立は看板無しで一から顧客を開拓し、顧客満足度の高いサービスを提供しリピーターを増やしていく、極めてやり甲斐のある活動である。しかし、思うようにいかないことや予想外なことも多く、**周到な準備、十分な顧客開拓力、良質なサービス供給力、それを支える強い精神力と健康な身体、それらがそろって初めて成功するタフなチャレンジ**でもあるのだ。そのことはよく肝に銘じておきたい。

第3章

合併後の混乱を生き抜く

1 店舗統合のリアル——そこで何が起こるか？

X銀行の大店の副支店長であるDさんは、その日、打ち合わせで本部に来ていた。そこでY銀行との合併のニュースを聞く。Dさんは支店が気になり、急いで店に戻ることにした。

本館を出る時、同僚の行員がテレビ局のインビューにこたえ、「先ほどネットで合併を知り、大変に驚いている」と話しているのを見た。テレビを見た人は、「前から知っていただろうに、この人は何で隠すのだろう」と思うかもしれない。だが、彼が言っていることに嘘はないはずだ。Dさんだって、合併は寝耳に水の話だった。

店に帰ると夕礼があり、支店長から「落ち着いて行動するように。お客様から合併について聞かれても憶測で話をせず、本部からの指示を守り対応してほしい」との話があったが、支店長が一番動揺しているのは明らかだった。

家に帰り夕食をとっていると、親から「合併のニュースを見たが大丈夫か。心配している」と電話が掛かってきた。何と言ってよいか分からず、「クビにはならないから」と話すと、親は安心したようであった。

数日後、市内の大型ホテルで、マスコミも多数集まり合併の調印式があった。テレビニュースには、フラッシュの中、両頭取が晴れやかな表情で握手をしている様子が映し出されていた。Dさんはそれを見ながら、「この人たちはいいよ。新銀行の頭取、会長になって何年かすれば高額の退職金をもらい退任するのだから」と珍しく皮肉めいたことを思うとともに、明日からの自分に何とも言えぬ不安を感じずにはいられなかった。

そして、そんな悪い予感が当たったのか、Dさんの店は最初に統合する店の一つに選ばれる。存続店舗と支店長、副支店長の人事も同時に発表され、存続店舗はX銀行支店、支店長にはY銀行の支店長が、副支店長は両行の副支店長が残ることになった。

融和を進めるべきとは分かっているが…

そのあと数日して先方の支店長、副支店長との会食があった。料亭の個室での食事だったが、新支店長は噂どおり自信満々のタイプで、自己紹介がいつの間にか店の運営方針の話になり、最後に、「君にはウチのやり方を身に付けてもらうから」とDさんに言い残し、会食はお開きとなった。

Dさんは支店長の迫力に圧倒され、せっかくの料亭の料理を味わう余裕もなく、この人の下での副支店長職はさぞ大変だろうと、ただただ気が滅入るだけだった。そしてDさんは、支店長が残した最後の言葉が気になり、その日は深夜になっても寝付かれなかった。

支店の統合が発表されて以降、Dさんは先方の副支店長や課長と店舗統合の打ち合わせを重ねた。もちろん、融和を進めるべきであることはよく分かっていた。だが、Dさんには、相手が違う人種に思えて仕方がなく、融和が簡単に

進むとは思えなかった。

あるとき、こんなこともあった。支店の課の割合により両行へのポスト配分を決めることで合意したのだが、次の打ち合わせで先方の組織図に課が一つ増えていたのだ。Dさんがその点を問いただすと、課の新設は以前から決まっており他意はないとのことであったが、納得がいくはずもなかった。

一事が万事であり、銀行員としてキャリアもそれほど変わらないのに、話を自分たちの都合のいいほうにばかり持っていこうとする相手側の態度が不誠実に思え、どのように対応すればよいのか分からないことがしばしばあった。

ぎこちなさとストレスの日々

統合初日、机を並べて仕事を始めたが、どの行員も皆ぎこちない感じで、部下や同僚にまで敬語を使うといった奇妙な光景が、支店のあちらこちらで繰り広げられた。

3時になり、集計の時間となったが計算が合わなかった。新銀行で採用されたX銀行のシステムと違い、Y銀行では自動的に計算が合う仕組みになっていたため、それに慣れている旧Y銀行の女性は、これからもこうしたことが続くのかとウンザリとした表情を浮かべていた。

新銀行発足のお祝いと支店長への挨拶で顧客が続々と来訪したが、X銀行の顧客は、支店長と最初の4～5分だけ話をすると、あとはDさんのほうばかり見て話をした。困ったDさんは、極力支店長に話を振るようにしたが、それもなかなかうまくいかず2～3日でやめてしまい、そうした不自然でぎこちない面談がしばらくの間続いた。

部下たちは表面的には仲良くやっているようであったが、相当不満が溜まっており、Dさんはアフターファイブで彼らの苦情の聞き役に回ることが多くなった。Dさん自身もストレスが溜まり、妻や子供への言葉がきつくなって、以前より家の中で喧嘩が増えてしまった。

これが「うちのやり方」ということか…

Dさんは融和の観点からも支店長と極力意思の疎通を図るように努力していたが、最近になり、自分なしに支店長とY銀行出身の副支店長が打合せをしているのが気になっていた。

また、支店長が出張や平日ゴルフで店を不在にすることが多いのに驚いた。月の半分以上は不在で稟議書も副支店長が決裁するのが通例になっており、先日も大きな事務ミスがあったが支店長は謝罪に行かず、代わりにDさんが顧客を訪問したが、なぜ支店長は来ないのかと詰め寄られ、返す言葉がなかった。

Y銀行出身の副支店長に話を聞くと、「Y銀行では支店長になると、店の方針は自分で決めるが実務は副支店長以下に任せ、工場見学やゴルフ接待が中心の生活になるのが普通だ」との説明を受けた。Dさんはすぐには信じられなかったが、以前支店長が「ウチのやり方」と言っていたのはこのことだったのかと思った。

方針決定の打合せからも外され…

自分としては融和を心掛けているつもりであったが、ある日同期の一人が、支店長が本部で「Dさんがいるために店内の融和が進まない。今までのやり方に固執することが多く困っている」と話していると教えてくれた。

確かに支店長の方針に対し、「X銀行の行員は戸惑うと思うので、これは考え直していただけませんか」と丁寧な言い回しで異議を唱えたことが何度かあったが、部下のことを考えると言わずにはいられなかったのだ。

最近も支店長から「今の時代はネットが主流であり、提案書はメールで送り、返事もメールで返してもらって、顧客訪問は原則行わないようにしたい。そうすることで、少ない人数でより多くの顧客にアプローチすることが可能となる。これこそが、今の時代にふさわしい営業だと思う」と言われたが、Dさんは今まで部下に「対面で顧客のニーズを発掘し、そこからビジネスの糸口を見つけることが大切だ」と再三言ってきており、すぐには賛成できなかった。

　この話には、さらに続きがある。支店長がその話をしたのは1回だけであり、この件は見送りになったと思っていたところ、ある朝、営業会議で「顧客アプローチ方法の全面的見直しについて」との資料が配られ、支店長の考えについてY銀行出身の副支店長から営業担当全員に説明があった。

　支店長と旧Y銀行出身の副支店長で打合せをしていたのはこれだったのかと、今になって気付いたが既に手遅れ

だった。X銀行出身の営業担当は驚いてDさんの顔を見たが、ここで騒いでも店内が混乱するだけだと考えたDさんは、「実施に当たっては十分な準備期間が必要だと思う」と話すのが精一杯であった。

自分の銀行はどこに行ったのか？

いよいよ地銀も合併が相次ぐ時代に突入した。合併は大きな出来事ではあるが、若い行員は会社の色にさほど染まっておらず、銀行が大きくなり自分の活躍の場も広がるため、必ずしも合併に対しネガティブではない。しかし、**銀行員人生が後半を迎えている人々にとって合併は決して歓迎すべき出来事ではない。**

今まで激しく争ってきた相手と一緒に働く違和感、長年親しんできた行名がなくなる寂しさ、自分のポストや昇進に対するマイナスの影響、といったことが直感的に頭に浮かび、合併を祝う気持ちにはなれないのである。

合併の発表以降も、新銀行に関する交渉の当事者でなければ合併を実感することはさほど多くない。しかし、統合になる部や支店は、その日が近くなるとレイアウトの変更や机の搬入などで急に慌ただしくなり、合併がいよいよ他人事ではなくなる。

統合の初日に新しい部長や支店長の挨拶があり、「融和の精神で一日も早く合併の成果を出すように頑張ろう」といった話があるが、実際に合併の成果を挙げることは予想以上に大変なことである。

合併後まもなく、新銀行として最初の支店長会議が開かれる。新頭取の挨拶があり、その後に役員や部長から合併効果の早期実現について訓示がある。そして、会議のときには分からなかったが、その後の全員参加の懇親パーティで知らない顔が多くなっているのを見て、参加した支店長は「これが合併なのか」とまざまざと感じるのである。

また、同時に「これは本当に自分の銀行なのか」「自分の銀行はどこに行ったのか」といった感覚に襲われることにもなる。**他行に負けまいと必死で頑張ったとき、当行の利益を守るために厳しい交渉に臨んだときに、力の源泉となった愛する「自分の銀行」がなくなってしまったことを実感する**のである。

対顧客関係にも混乱が

合併で現場が気にするのは顧客の反応である。リテールの顧客にも支店の統合や通帳の変更などで不便を掛けるが、やはり気を使うのは法人の顧客だ。

支店長がいずれの銀行の人になるかは法人顧客の最大の関心事で「自分はX銀行が好きだから取引をしている。Y銀行の人が支店長になるのなら取引を考えなければならない」と言い出す社長が現れるなど、合併直後は混乱が起きやすい。そして、混乱は他行にとってチャンスであり、この間隙を縫って取引関係の拡大を狙う抜け目のない銀行も当然存在する。

また、支店長に別の銀行の人が着任した場合は引き継ぎが不十分になることが多く、それを奇貨とし、レートの引き下げを依頼中であったのを「前支店長から了解をもらっている」と話を都合よく変えてしまう取引先もいる。

一方、合併の挨拶状には「新銀行として今まで以上に良いサービスを提供することをお約束する」などと書いてあるが、より良いサービスには時間が必要で、短期的にはレートが高いほうに片寄せになる、支店長がそれまでの取引銀行とは別の銀行の出身者となり、関係の再構築に手間取るなど、顧客に不利益や不便を与えることも少なくないのである。

飲み屋で憂さ晴らしの日々

統合後に相手側の行員と机を並べて仕事を始めると、いよいよ合併が自分のこととなる。そして、それは決して快適なものではなく、何とも言えない違和感とストレスの溢れる世界である。仕事の用語が違い、会議の進め方が違い、時には挨拶の仕方まで違う。それらがストレスを生み出すのである。

お互い愛し合って結婚しても、暮らし始めると考え方や習慣の違いから違和感や嫌悪感に苛まれることがあるが、合併の場合は「嫌だがやむを得ない」もしくは「合併したくない」といった気持ちのままの同居生活を始めるので、違和感が湧くのはある意味当然だ。しかし、結婚で相手に幻滅した場合は離婚という解決方法があるのに対し、合併の場合は自分で望んで同居を始めたのではないにもかかわらず、別れることは事実上不可能なのである。

支店や部が統合になると、毎日がストレスの連続で自然と帰りに居酒屋に足が向かい、相手側の悪口を肴に飲み会が開かれることになる。

「話には聞いていたがやはりウチとはだいぶ違う」「やることがルーズでとても銀行員とは思えない」「支店長のあの態度は何だ」「稟議書の書き方がひどくて驚

いてしまった」といった話が延々と続き、そして似たような飲み会は相手側でも当然開かれるのである。

やがて、こうした状況を何とかしなければと全員参加の飲み会が支店長や部長主催で開かれることとなるが、話は一向に盛り上がらず、会の後に同じ銀行の出身者だけで二次会が開かれ、「さっきの飲み会でのあの話には呆れてしまった」などと一次会の話で盛り上がってしまうのである。

やがて始まる「飛ばし」「外し」

統合後の支店では融和を促進する意味から、支店長が旧X銀行からであると、副支店長は旧Y銀行から登用され、課長以下も両行のメンバーが混ざり合うように発令される。

ところが、自分の上司が別の銀行出身者だと、「話がしにくい」と直属の上司を「飛ばし」て同じ銀行出身の上司のところに相談に行ったり、逆に支店長が副支店長を「飛ばし」て課長に指示したりすることがある。

また、メモを1人「飛ばし」て回したり、会議を他行出身者を「外し」て開催することもある。統合当初はお互い気を使うのでこうしたことは起きないが、しばらく時間が経過すると、Dさんの例にもあった**「飛ばし」や「外し」が始まる**のである。

これは当然「融和の精神」に反し、行ってはならない行為であるが、気の緩みから「慣れた人達だけのほうが話が早い」「最初から説明するのは面倒なので」「どうせあの人に話しても無駄だから」といった気持ちが勝ってしまうのである。そして、「外された」当人は面白いはずはなく、**「外す」行為をした人に対してだけでなく、相手行そのものに対して敵意を抱くようになってしまう**のである。

「あの人は魂を売った」

上司である支店長に加え、部下である課長も他行出身者だと副支店長はさらに難しい立場となる。自分の意見を通そうとしても、相談相手になってほしい課長まで他行出身ということになると、下手をすれば「外され」かねないのである。

ここで自分の立場を守るには支店長の方針に従うしかないのであるが、同じ銀行出身の部下からすると、副支店長は自分たちを守る最後の砦として頑張ってほしい存在であり、一歩間違うと彼らから「相手側に魂を売った」と非難されかねない。

「外される」か、下の者から「魂を売った」と非難されるか。いずれにしても難しい状況であり、よほど腹を据えてかからない限り、精神的に参ってしまうことになりかねないのである。

2 合併の犠牲にならないためのサバイバル術

統合後に支店が混乱すると、様々なルートで本部にその情報が伝えられるが、この時に本部が揉め事を収めてくれることはまずあり得ない。支店のことに外部から口を挟むのは良くないと「合併したのだから仲良く」「店内でよく話し合って」といった指示で終わらせてしまうのである。

冷たい気もするが、積極的に解決しようとすると結果的にどちらかに味方をすることになり、頭取から言われている「融和の精神」に反するのではとブレーキが掛かってしまうのだ。厳しい言い方だが、**合併後の混乱の中では皆自分を守ることに必死であり、困っている人を助ける余裕はない**と考えたほうがいい。

争いの前面には立たない

それでは、合併後の混乱の中で、その犠牲にならずに生き抜くためにはどうすればよいのであろうか。まず大切なのは、**店内で揉め事があっても相手側と徹底的に争わない**ことである。

合併前の話し合いですべてを決めることは不可能であり、仕事を進めるうちに意見が異なってきて、揉めごとに発展することがしばしばある。こうした時には自分が争いの前面に立つことはやめ、判断を支店長や上司に委ねるようにすることだ。

支店長や上司が他行出身の場合は、自分の意に沿わない結果になるかもしれないが、後で考えればどちらに決まっても大差なく、上司の意見に従っても本当に困ることは少ないものである。例えば先ほどのDさんの話にあった「顧客アプローチの全面的見直し」も、顧客からのクレームで支店長の意図したとおりには話が進まない可能性は十分にある。

仮に、**徹底的に対立し、融和を乱すようなことになれば、「問題児」のレッテルを貼られることにもなりかねない。**そして、そのレッテルは容易には剥がれず、先々異動や昇格などで不利に働くことがあるのである。

反撃しても勝ち目は薄い

では、店内で「外され」、本部からの救いも得られず、辛い立場に置かれてしまった人はどうすればよいのであろうか。

支店長に直接窮状を訴える方法もあるが、支店のトップが自分と同じ銀行の出身であれば、一方の銀行の出身者たちも気を使い、そもそも「外し」は起きないものだ。逆にトップが統合相手の銀行の出身だと相談には行きづらく、相談しても適切な対応をしてもらえるどころか、逆に変な動きをしたと「外し」がひどくなる可能性もある。

「窮鼠猫を噛む」で、激しく抗議に出る方法もある。あまりの反撃の激しさに驚き、相手が「外し」をやめればよいが、恐らく相手側は「これからは気を付ける」と言いながら「外し」を完全には止めず、居心地の悪さも大きく改善することにはならないはずである。そして、さらに激しく騒げば、「喧嘩両成敗」となって「外された」自分にも支店長からペナルティが課されることがある。

つまり、統合相手の銀行出身の支店長のもとでは、一方の銀行の出身者はアウェイの戦いを強いられ、勝つことは難しいのである。

異動が状況を変えてくれる

辛い立場に耐えられず反撃に出ても勝利を収めることは難しく、「喧嘩両成敗」でペナルティを課されることもある。となると残された道は「我慢する」しかない。これを聞くと目の前が暗くなるが、実際には**しばらく我慢すれば「異動」が状況を変えてくれる**のである。

都合の良いことに銀行員は、顧客との癒着防止のため、2年か長くても3年に一度は転勤する。そして、上司のほうが早く動くこともあり、その時は新しい上司より自分のほうが店の事情に詳しくなっており、簡単には外されたりしないものである。となると辛抱する期間は2年より短く1年程度かもしれず、また合併前は人事異動が控えられていることが多いため、合併後しばらくすると大きな異動があることが通常だ。そう考えれば、自分の上司がそれで転勤すると、半年程度で今の環境から脱出できる可能性もあるのである。

一般的に銀行員は性格的に喧嘩より我慢のほうが得意で、先行きの見通しさえあれば半年や1年は耐えられるはずである。**「我慢するしかない」と言われても、目の前が暗くなる必要は全くない**のだ。

実績が「外し」から自分を守る

人間はもともと争うことが好きな動物で、統合後には些細なことで他行出身者と喧嘩になりやすい。しかし、ある程度のところでやめないと「融和を乱す人間」として転勤でどこかに飛ばされ、喧嘩には勝っても自分は支店から消えてしまうという不本意な結果に終わることもある。

これでは合併後の混乱を生き抜いたことにはならない。**先を見ている人は店内**

の争いからは一歩身を引き、自分の仕事に熱心に取り組んでいるものである。合併後は新銀行の中で自分の存在価値を示すことが極めて大切で、そのためには実績を残すことが必要であり、良い仕事をすれば相手行出身者からも一目置かれ、「外し」から自分を守ることにも役に立つ。

「外し」ても困らないから「外す」ので、**仕事ができる人間は「外し」たくても「外せない」**のである。

転職はよい選択か？

合併ではどちらかの銀行が新銀行の主導権を握ることが一般的で、またそうでないと新銀行の経営がうまくいかないことが多い。そして、劣勢となった側の行員は自分の将来に不安を感じるが、上昇志向の強い人ほどそのショックの度合は大きい。

極端な例になるが、頭取になろうと思っていた人間は、合併で自分の銀行が劣勢となれば頭取になれる可能性がほとんどなくなり、新銀行に留まる理由がなくなったと考える。そして、上昇志向の強い人間は行内情勢が不利となると転職を考えるが、それは本当に良い選択なのだろうか。

新銀行誕生にあたっては「実力重視の人材登用」が必ず謳われるが、行内の融和を考え、合併後一定期間は新任役員は旧X行から5名、旧Y行から3名などと合併比率に応じて配分が決められ、劣勢となった銀行にも一定数のポストが確保される。

ところが、劣勢に立った銀行の出身者で優秀な人材は「新銀行に残っていても良いことはない」と転職してしまうのである。極端な場合は年次トップ層から多くの人間が転職でいなくなり、新銀行に残った人間に昇格のチャンスが広がるこ

ともあり得るのである。

しかし、そうは言っても、合併で不利益を被る可能性があるとなれば、転職したくなる気持ちも理解できる。その時は、**転職の前に見極めの期間を設ける**ことをお勧めする。そこで自分の活躍する場所が残されているか、しっかりと見極めるのである。

自分はM＆Aを担当していたが、「今後は企業買収の案件は提携先のメガバンクに紹介し、当行では行わない」といった決定がなされたら転職を考える必要がある。しかし、自分が支店で中小企業取引を担当しており、新銀行もこの分野は引き続き力を入れるということであれば、少数派となり、支店での居心地が多少悪くとも転職の必要性は高くないはずである。

合併で銀行を飛び出し、そのあと転職を繰り返し苦労している人はたくさんいる。行内融和の観点から、**劣勢の銀行の出身者にも必ず活躍の場は残されており、実力があれば力を発揮するチャンスは十分にある。**それと中途入社で苦労するのといずれを取るか、慎重に考えてほしい。

第4章

出向・転籍の時期を迎えて

1 一般先への出向を迷っている人へ

E支店長に人事部付の発令が出た。行き先は出向待ちのポストで、副部長から「毎日出社していただく必要はありません。必要な時はこちらから連絡します。あと、通達などをご覧になりたい時は別室にパソコンが置いてありますので自由に使って結構です」と手短に説明があった。

Eさんは時間があったので別室を覗いてみたが、倉庫を兼ねた無人の部屋にパソコンが乱雑に置いてあり、必要がなくなった人に対する銀行の態度が滲み出ていて良い気持ちはしなかった。

また、人事部に書類を提出に行っても、こちらがそう思うせいか、急に態度が冷たくなったような気がした。

希望しての一般先への出向だったが…

Ｅさんは、出向に関しあれこれと希望を言うのは銀行に申し訳ないと思った。しかし、３人の子供の教育費を考えると年収１０００万円はどうしても欲しいと考え、関連会社ではなく一般先への出向を希望していた。

３週間後に銀行から、メイン先のメーカーの常勤監査役で年収１２００万円の案件があるとの連絡があった。通勤時間が約1時間半とやや遠いことが気になったが、始業が8時半であり、それほどの問題ではないと思った。他に条件で問題となる点はなく、銀行での頑張りが認められ、このような良い案件が自分に来たのだと感謝の気持ちでいっぱいであった。

銀行出身の前任者から引き継ぎを受け、6月の株主総会で監査役に就任する予定で4月のはじめに先方に着任した。そこで予想外のことを前任者から告げられた。

「当社では、社長が朝の会議を毎日8時から行っている。時には8時少し前から始まるため、参加者は7時45分には席に着いて社長を待っている」

さらには、常勤監査役は週に1回は必ず出席で、必要があればすぐに呼び出されるため、残りの日も監査役室で待機していなければならない、とのことであった。

となると、早朝は電車やバスの接続が悪いため自宅を5時半には出なければならない。人事部や担当店からそうした話はなく、前任者に事前に話を聞けばよかったのかもしれないが、既に手遅れで、頑張って早起きするしかなかった。

しかし、連日の4時半起き、通勤2時間はさすがに五十半ばの身体にはこたえ、銀行時代には知らなかった「へばる」という感覚を人生で初めて味わった。

このままだと体を壊すかもしれないと危険を感じたEさんは、妻と相談し、会社と自宅の中間にあるワンルームマンションに引越すことにした。

自分はどこで間違ってしまったのか

通勤問題はこれで解消したが、二重生活のために持ち出しが発生し、それを引くと、関連会社に勤めるのと収入はほとんど変わらなくなってしまった。

　また、仕事以外に無趣味なEさんは、6時過ぎに1人暮らしのマンションに帰宅したあと、寝るまでの時間を持て余し、いつしか晩酌の量が増えていった。結局、ワインボトル1本もしくはウイスキー瓶半分が普通になり、ある朝とうとう、もう一人の監査役から、「昨日は結構やりましたね」と酒臭いことを注意されてしまった。

　仕事をしていても銀行出身の監査役では会社との間に距離があり、自分の意見が会社の方針に影響を与えることも皆無に近く、支店長時代の目標に苦しみながらも全力で頑張った日々が懐かしく、最近はその頃の夢をよく見るようになっていた。
　この生活がこれから5年10年続くと

思うと気が滅入り、かといってこの状態から抜け出す方法は簡単には見つからず、Eさんはどこで自分が間違ってしまったのかもよく分からなかった。

拡大に向かう一般先への転出向

令和3年（2021年）4月1日より「高年齢者等の雇用の安定等に関する法律」（高年齢者雇用安定法）の改正法が施行され、定年を70歳に延長するなどの「就業確保措置」が努力義務化された。これは近い将来、法律上の義務となる可能性もあり、中小企業も含め、各企業は70歳まで働ける環境作りに取り組み始めている。

銀行は構造不況業種に仲間入りし、支店を閉鎖するなど物件費削減に力を入れているが、加えて人員削減・人件費圧縮も避けられない状況にある。そして、現在では銀行本体のみならずグループ全体のスリム化が必要となっているが、定年の70歳延長の動きが本格化したことから、**関連会社の人数は当面は増加の可能性が高く、今後は一般先への転出向促進や希望退職の導入が積極的に行われるはずである。**

70歳定年となれば、銀行から50歳過ぎで一般先に転出向した人は、先方の会社に20年弱勤めることになる。60歳定年の頃は55歳前後で出向し、第二の職場の勤務は5年程度と短かった。人材受け入れの目的も取引関係の維持や銀行からの商売受注が主で、受入先は派遣されてきた人を通常の戦力とはとらえず、派遣されたほうもお客様扱いも仕方ないと考えることが多かった。しかし、**第二の職場の勤務が20年となると話は全く違ってくる。受入先も転出向する側も、双方共に意識が大きく変わってくる**のである。

人材を受け入れる側の環境も変化した。バブル崩壊後、企業は借入を圧縮し、銀行からの人材の受け入れも減らす傾向にあった。転出向者の受入れにあたっては、銀行から年収保証としてその会社の役員レベルの金額を求められることも多く、取引関係から以前は応じていた企業も、受入を次第に断るようになったのである。

ところがコロナ禍で状況は一変した。売上の減少により、借入で命を繋ぐ銀行依存度の高い企業は増え、銀行がコンサルティング機能を強化するのに伴って、コロナ禍からの会社の立て直しに銀行員の力を期待する声も増してきているのである。一方で、銀行は先ほど述べたように人減らしに力を入れており、双方のニーズの高まりにより、一般先への転出向は減少傾向から一転、今後は拡大に向かうことが予想される。

銀行任せでは通用しない時代に

以上が転出向を巡る最近の動きであるが、これに伴ない**転出向する側の行員も、意識の変革が必要**となっている。

翻ってみると、以前の銀行では第二の職場について心配する必要はほとんどなかった。関連会社のみならず一般先に行く場合も、行内の人事異動の延長で銀行の先輩の後任として入社することが多く、受け入れ側も銀行出身者への接し方を心得ており、銀行に任せておけば次の職場で困ることはなかったのである。

しかし、最近はこうした恵まれた話は減り、一方で、これまで転出向を受け入れていなかった先や、前任者が様々な事情で帰任した先への転出向が増えており、定年が70歳となることも考えると、**以前より不確実性の大きい先に、以前より長く勤務する可能性が出てきている。**

つまり、「銀行に任せておけば、いい先を紹介してくれる」的な考えはもはや通用せず、**自分で紹介された先をよく分析し、自分で考え、出向の可否を決めなければならなくなっている**のである。

冷たくなる銀行

行内で配属場所や役職が変わる人事異動と、他の会社に移る転出向との違いは誰の目にも明らかであるが、そこにある銀行側の意識の差まで気付く人は少ない。

行内の人事異動では本人のキャリア・ディベロプメントを考え、次のポストを決めるが、転出向では本人のこれまでの経験を踏まえ、再就職先としてふさわしい先を探すことになる。

ここまでは似ている部分もあるが、転出向の場合はこれに、**「対象となる行員をいかに早く円滑に銀行から外に出すか」といった要素が加わる。**

現在は行員数の削減が盛んに言われ、転出向年次も早まって対象行員は増加しているが、企業側の需要増はこれからだ。そのため、対象となる行員を銀行の外に円滑に出していくために転出向者の年収保証金額の引下げや新たな取引先への人材派遣が行われることになる。これは、商売における「多少価格を下げても早く在庫を処分する」「在庫をさばくために新規の販売チャネルを開拓する」に相当する対応といえる。

このように、転出向年次になると、行員の位置付けが「育成し活躍してもらう」から「銀行での役割は終わったので早く退出してもらう」に変わり、銀行の当人に対する態度も違ってくるのである。つまり、**「銀行が以前より冷たくなる」**ということだ。

出向するなら関連会社か一般先か

出向先として、関連会社を選ぶか一般先を選ぶか迷っている人のために、もう一度、両者の比較を行う。関連会社への出向と一般先への出向には、それぞれ次のような特徴がある。

①関連会社

・銀行と同じカルチャーで、知った顔が多く、新しい環境に慣れるのに大きな苦労はない。
・仕事の内容も金融関連で戸惑いが少ない。
・銀行の最終的な肩書きで関連会社のポストが決まるので、結果として銀行のヒエラルキーが続くことになる。場合によっては「二度とあの人の下で働きたくない」と思った人の部下になることもある。
・退職した役員の後任が銀行から来ることが多く、頑張っても偉くなれる可能性は高くない。また、以前は支店長で銀行を退職すると役員として転籍できたが、最近は出向者増に伴い、部長での転籍になるなど処遇が厳しくなっていることがある。

・給与は銀行の6～7割程度。銀行の給与自体が下がっており、そこから更にカットされるため、多額の住宅ローンが残っていたり、子供の教育負担が大きいなどの場合は生活が厳しくなる。

② 一般先

・頑張り次第で偉くなれる可能性がある。銀行で目立たなかった人が第二の職場で実質トップとして活躍したり、社長の急逝や内紛の後にショートリリーフとして社長に起用されることもある。

・給与は関連会社より高い。受入れ先の減少で給与の絶対水準は低下傾向にあるが、関連会社の給与も下がっているため相対的には高い状態にある。

・しかし、全く新しい環境で、「人は知らない」「仕事は分からない」「部下はいない」「銀行での地位は関係ない」ことからストレスが大きくなり、一般先を選んだことを後悔するケースも少なくない。

比較は以上のとおりで、**「関連会社はリスクは低いがリターンも低く、一般先はリスクはあるが成功するとリターンが大きい」**と言える。また、「いまだ気力、体力が残っており、もうひと働きしたい」「金融だけでなく、違う分野の仕事もしてみたい」「子供がまだ小さく、教育資金が必要なため給与の高いところに行きたい」「銀行では実力を十分発揮できなかったので、第二の職場でもう一回頑張ってみたい」といった人は一般先に行くことを真剣に考えてみてもよいだろう。

やりやすくなった〝二毛作人生〟

出向が近くなると人事部から希望を聞かれるが、これまでの説明で、自分が関連会社と一般先のどちらに行くべきかほぼ見当が付くはずである。ただ、それでも迷う人のために、一般先に行くメリット、デメリットについて少し異なる観点から補足しておく。

まずメリットであるが、銀行員生活はやり甲斐もあったが、リスクに敏感で、正確性に厳しく、守り中心であったため、「他の業界に勤めていたら今頃どうだっただろう」「転職のチャンスはないだろうか」と思った人もいたはずである。そんな思いをはらすことが70歳への定年延長で十分可能になると言える。

もちろん、会社員生活の晩年を違う業種に勤める「二毛作」はこれまでも可能だったが、定年が5年伸びることにより、時間的余裕がさらにできるのだ。**定年までの間を一般先に勤めることで「もうひとつの会社人生」が体験でき、新しい環境で心と体が再活性化し、視野も広がるなど、思った以上の成果を得ることも可能**なのである。

〝外の世界〟で働くことの大変さ

次に、一般先に出向するデメリットについても補足する。一般先と言っても銀行から紹介される企業というのは、過去にも銀行から人が派遣されたことがあったり、たとえ新しい先であっても、支店長が推薦し人事部がチェックした先である。しかし、それでも実際には、転籍を待たずに2～3割の人が戻ってきてしまう。

彼らが口にする不満は

・出向前の話と違う
・ポストに納得できない
・満足に仕事を与えてくれない
・自分を大切にしてくれない
・仕事が厳しくて耐えられない
・自分が外されている
・銀行ではあり得ないことが毎日起きる
・社風に馴染めない
・正論が通じない
・能力の低い人が多い
・意思決定の仕組みがおかしい

・社長のワンマン体質に付いていけない
・自分は悪くないのにイジメられる

等々であるが、全体としては、自分にふさわしい扱いを受けていない、会社に問題が多く耐えられない、といった不満が多い。

帰任した当人が単にわがままなのか、それとも会社に非があるのかは分からないが、これらの訴えを見ると、**銀行のカルチャーにどっぷりと浸かった人が外の世界で働くことが予想以上に大変なことがよく分かるはずだ。**

2〜3割の帰任割合は高くない?

先ほど、一般先への出向者のうち2〜3割が転籍することなく帰任するという話をしたが、これに関連して「出向期間」について説明しておこう。

この期間は「お見合い期間」と呼ばれ、受け入れ側の企業と出向者がお互いを観察するための期間である。それで双方が気に入れば転籍となる。企業側は取引関係もあり普通は「NO」と言わないが、出向者は断れば銀行が次の先を紹介してくれるので企業側よりは「NO」と言いやすく、それが2〜3割という数字にも多少は影響しているはずである。

しかし、銀行しか知らない人間が初めて中小企業に勤めれば違和感を感じるのは当然で、2〜3割というのは低過ぎる数字とも言える。半数以上が帰任しても不自然ではないと思えるが、そこに銀行員の真面目さ、我慢強さ、従順さが感じられるのである。

自分の希望をはっきりと言おう

一般先を希望すると、人事部の出向担当者との面接があるが、その時には**自分の希望をはっきりと言う必要がある**。興味のある業種、希望する役職、単身赴任の可否、給与に関する希望、自分の資格・趣味・特技、家庭の事情等をしっかり話してほしい。

人事部に我儘を言っては申し訳ないと、自分の希望を十分に言わない人がいるが、銀行は出向先探しのための情報を求めており、銀行に世話を掛けるのもこれが最後になるわけだから、遠慮せずに話してほしい。

以前、銀行に、盆栽好きの会長の話し相手がほしいとの依頼があり、趣味の欄に盆栽と書いてある人を探したという話を聞いたことがあるが、思わぬ情報が役に立つこともあるのである。

あと、家庭の事情や自分の健康状態について悪い話を銀行に伝えたがらない人がいる。気持ちは分からなくもないが、銀行では状況が悪くなれば何らかの対応をしてくれるのに対し、転籍先では必ずしもそれは期待できない。逆に銀行に対する「よく調べてから人を送ってほしい」というクレームになる可能性もあるため、**悪い情報ほど隠さずに伝える**ようにしたい。

2 人事部から具体的な話があったら

「銀行が探してくれた先に文句を言ってはいけない」――銀行員の中にはこうした考えを持つ人がいる。長年銀行に在籍し「人事部には逆らうべきでない」といった考えが染み付いているのだろうが、これから20年近く働く会社であり、自分でよく調べ、よく検討して出向の可否を返答すべきである。

人事部としても、話をその場で了解し出向したが、すぐに戻ってきてしまうよりは、手間が掛かっても最初に紹介した先に定着してくれたほうが有難いのである。

人事部が一生懸命探した先に難癖を付けるのがよいとは言わないが、行員は法的には定年まで銀行で働くことが可能だ。**銀行に言いたいことも言わず、聞きたいことも聞かずに話を了解する必要は全くない**のである。

紹介された先を調査する

銀行から紹介された先を調べる方法はいろいろある。

①新聞、雑誌、ネットなどで調べる

大企業であれば様々な情報を得られるが、出向先は中小企業が多く、情報量は限られる。その場合、業界紙から紹介先の情報が入手できることがあり、たとえ会社についての情報が見つからなくとも業界についての知識は得られる。

②担当の支店に聞く

売上、取扱商品、最近の業況、財務内容などは教えてもらえるが、社内の状況までは分からないことが多い。しかし、社長が極端にワンマンのときなどは、先方の社員が支店の担当者に愚痴をこぼしていることがあるので、担当者にも話を聞くようにするといいだろう。ただ、**支店はその会社が人材派遣先としてふさわしいと思って話を進めているので、悪い話はたぶん聞けない**と思ったほうがよい。

③派遣されている先輩に聞く

人事部に了承を取り、先輩にコンタクトするのだが、銀行の後輩であり面談には応じてくれるはずである。仕事の内容についてももちろん聞くが、**話のポイントはその会社が長く働ける会社かどうか**である。パワハラがひどい、社長が人の意見を聞かない、社内が暗い、残業や休日出勤が多い、などのことがないか聞いてほしい。思い当たる節があれば「ここだけの話だが」と、本音ベースで話してくれるはずである。そして時には、先輩の話で支店がいかに表面的にしか会社を見ていないかが分かり、愕然とすることもある。

これらの方法で情報を収集し判断するのだが、中には途中で面倒になり、「銀行が紹介してくれた先なので大丈夫だろう」と作業をやめてしまう人がいる。しかし、前にも述べたとおり銀行は出向対象者を早くさばきたいと思っており、紹介先の中に問題含みの先が混じっている可能性もなくはないのである。

これから20年近く勤める会社であり、いくら調べても調べ過ぎのことはない。粘り強く、細かい点までよくチェックしてほしい。

処遇条件をよく確認する

候補先の紹介の時に人事部から転出向の条件の書類を渡される。仕事の内容、配属部署、肩書、給与金額、将来の昇給昇進の可能性、転勤の有無、定年の時期と継続雇用の可能性、休暇制度、残業の有無、福利厚生、等々が記載されているが、「銀行が探してくれた会社なので問題はなかろう」と内容をよく確認しない人がやはりいるものである。

しかし、内容が100パーセント自分の希望に沿っていることはまずあり得ず、**一つ一つ条件をよくチェックし、受け入れられるか否か慎重に検討する必要がある。**また、自分の希望と合致しない部分については先方と交渉の余地がないか遠慮せずに人事部に聞いてほしい。

転籍先で地方転勤を命じられ、驚いて銀行に相談に行ったが、改めて条件書を見たところ「転勤有」と書いてあって、「よく確認しなかった」とも言えず転勤を断るのに苦労したとの話を聞いたことがある。労を惜しまず、しっかり条件を確認することだ。

「この話は君のために取っておいた」

人事部から「転出向のよい話がある。君のために取っておいたんだが、この先はどうだろう」と勧められ、当人は「銀行はこれほど自分のことを考えてくれていたのか。今まで銀行に尽くしてきた甲斐があった。銀行の恩に報いるためにもその会社で頑張ろう」と大いに感激し、その場で即「行かせてください」と返事をした――。こうした話をよく聞くが、「この話は君のために取っておいた」は本当なのだろうか。

転出向の話は、受入れ企業からの「人を紹介してほしい」との依頼で始まる。次に人事部が先方から示された条件をもとに、候補者の中から最適と思われる人を選び当人に話をする。他の人でなく、その人にだけ話をするので、「この話は君のために取っておいた」というのは必ずしも嘘ではない。しかし、「何年も前から自分のために人事部がこの話を取っておいてくれた」と考えるのは大きな間違いである。

見合いの話を考えてみてほしい。写真を預かった人は自分の知っている人の中で一番ふさわしいと思う人に話を持っていき、その人が断れば次の人に写真を見せる。転出向も仕組みは同じで、最初の人が断れば次の人に話を持っていくのである。そして、この時は「君のためにこの話は取っておいた」と言うとさすがに嘘になるので、2人目には人事部も恐らくそのような表現は使わないはずである。

断る勇気も必要

いろいろ調べても納得がいかなければ人事部に断りを入れることになる。この場合、「何となく気乗りがしない」では理由にならず、担当者にも申し訳ないが、よく調べての結論であれば人事部も了解し、次の先を探してくれるはずである。

「一回断ると、それより良い話は来ない」と言う人がいるが、必ずしもそれは正しくなく、新しい案件が来て、適任と判断されればまた話は来るはずである。ただし、「行き先を選ぶのは人事部の仕事で、俺は良い先が来るのを待つだけだ」

と強気に構え、何度も話を断るのは考え物である。

世の中には突然会社から放り出され、次の就職先探しに苦労している人もいる。それに比べ、行き先を紹介してもらえる銀行員は恵まれた環境にあるわけだから、感謝の気持ちを忘れずに人事部と接してほしい。次の職場でこれほど丁寧に面倒を見てくれることはまずないはずである。

受け入れ先との最初の面談

出向の話を進めるということになれば、受け入れ先の企業と面談することになる。人材受け入れの目的は取引関係の維持なのか、それとも自分を戦力として考えてくれているのか、ポストは管理なのか営業なのかで面談の内容は変わってくるが、いずれの場合も先方の最大の関心事は「この人は我が社に馴染め、長く働けそうか」である。

金融機関に勤めていたということから能力的には心配しておらず、それよりは**社風に合うか、銀行出身を鼻に掛けず、みんなと一緒に仕事ができるかを見てい**

ることが多い。

　となると、面接を受ける側としては、銀行での実績やキャリアを強調するよりも「一から勉強し会社に貢献できるように頑張りたい」と伝えるほうがよいことになる。また、処遇について確認したいことがあれば、この日が入社前に先方に直接確認できる最初で最後の機会になるので、忘れずに確認してほしい。

　ただ、社長相手に細かいことを聞いても分からないこともあり、その時は社長に依頼し人事担当役員などを紹介してもらうのがよい。そして、処遇条件で双方の理解に齟齬がある場合は、担当の支店と人事部に相談し、先方との調整を依頼することになる。**直接自分で先方の会社と交渉するのは適当ではなく、それは人事部の仕事である。**

3 出向先に馴染めず困っている人へ

Ｆさんは最後は大店の支店長で、行内ではかなりのやり手で通っていた。出向した第二の職場は年商１００億円のミネラルウォーターの販売会社で、社長の夢はまず年商３００億円の企業になることであった。Ｆさんに与えられたポストは営業担当で最初の1年は部付部長。転籍後に役員になり、給与も１５００万円になるという話に、ほぼ即決でＦさんは転出向をＯＫした。

厳しく若手を指導するも…

入社して最初の仕事は若手営業員との顧客への同行訪問であった。同社の営業について勉強するとともに若手の指導も行うように言われたのだ。

訪問前の提案書を準備するところから指導を始めたが、Ｆさんはその中身を見て驚いた。短い文章でも日本語が間違っており、ページが1．3．2．4と乱丁になっていたり、内容も説得力に乏しく、とても客に見せられるようなものではなかったのだ。しかも、それが売上トップクラスの営業マンの提案書であった。

Ｆさんは、「銀行ではこんな提案書を作る人間はいない。客のところへ持っていって恥ずかしいと思わないのか」と、昔を思い出して厳しく指導し、その営業担当はほとんど徹夜で提案書を直す羽目になった。

また、同行したある営業員はほとんど提案書の説明を行わず、雑談とお願いが中心だった。これを時代遅れと考えたＦさんは、帰りに喫茶店で「今は提案型営業やソリューション営業が主流だが、そうした勉強はしていないのか」と問いただした。すると、担当者の答えは「していません。そもそもソリューションって何ですか」というものだった。つまり、提案以前に「ソリューション」の単語の意味が分からなかったのだ。

　また、こんなこともあった。ある日、本部長から呼ばれたＦさんは、「当社の営業の原点は未開拓先への飛び込み営業だ。あなたも飛び込みをやって実績を出してほしい」と命じられた。Ｆさんは声にこそ出さなかったが、「銀行でも昔は法人新規活動で飛び込み営業を行っていたが、今は危ない会社もあるので実施していない。あまりに前時代的な営業方針だ」と、命令した本部長の神経を疑ってしまった。さらに言うなら、銀行で大店の支店長まで勤めていた自分にまで飛び込み訪問をさせようとする本部長に、Ｆさんは不信感を抱かざるを得なかった。

　しかし、この会社では今でも一日１００件の飛び込み訪問を推奨しており、本部長としては極めて普通のことを言っただけだった。

若手に同行訪問を断られる

　あまりの銀行とのカルチャーの違いに、Ｆさんは目を丸くする毎日だったが、気がつくと部下が誰も自分に近寄らなくなっていた。「同行訪問しようか」と言っても「また近いうちにお願いします」と言って逃げられてしまうのだ。同行の依頼がなく、かと言って単独での飛び込み営業はとてもやる気がせず、気が付くと毎日机に座っていることが多くなっていた。

　自分でははっきりとは記憶がないが、「信じられない。お前ら学校出ているのか」と指導中に何回も言ったらしく、また「営業員のレベルが低い」と話していたのも聞かれており、「あんな人は早く銀行に帰ればいいのに」「あの人が部長になったら俺は転勤を申し出る」と多くの営業担当が言っていると、ある日Fさんは上司から聞かされることになった。

　Fさんとしては、自分が直した提案書で案件の獲得が進み、相談が相次ぐこ

とを期待していたのだが、現実は真逆で、総スカン状態になってしまったのだ。

最後の挨拶で謝罪するが

「今考えれば、営業員は提案書にそれほど重きを置いておらず、細かく直す必要もなかった。自分が若い頃に上司から厳しく指導されたので、ついつい同じことをしてしまったのがいけなかったのかもしれない」とFさんは反省したが、今さら部下に謝るのも銀行員のプライドが邪魔してできなかった。といって、これからどうすればよいか分からず、相談する相手もいない。急に心細くなり、「自分はこの会社に合っていないのかもしれない」と思い始めたFさんは、出向期間が終わったら銀行に戻ることを決意した。

その決意を本部長に伝えたところ、営業員から話を聞いていたらしく、強く引き止められることもなく、銀行へ戻ることはあっさりと了解された。

最後の挨拶では気持ちの整理もできて、「この1年間、皆さんに厳しいことを言い、時には傷つけるようなことになってしまい、本当に申し訳なかった。

皆さんの今後の活躍を期待する」と話すことができた。Fさんとしては、挨拶の後に何人かの営業員が「1年間ご指導いただき有難うございました。とても勉強になりました」とやって来ることを多少は期待していたが、そうしたこともなく、営業員たちはFさんに一礼をすると、慌ただしく、カバンを持って外出していったのだった。

何とも耐え難い状況に

銀行にいるときは周りに部下がおり、行内にも知人が何人もおり、会社の生活はそれなりに快適であった。それが出向先では様子がガラッと変わり、社内の組織やルールが分からず、部下なし知人なしの極めて不自由な状況に置かれるのである。コピーはもちろん、クリアファイルや輪ゴムが必要なときも、場所を聞き、自分で取りに行かねばならず、直近まで支店長をしていた人には何とも耐え難い状況になるはずである。

どのような感じか知りたければ、はるか昔に新人で支店に配属になった時のことを思い出せばよい。ただし、その時よりも周囲に暖かく迎える気持ちが乏しく、自分自身も年を取り、銀行出身のプライドが邪魔して新しい環境への適応力が落ちているという違いはあるが…。

尊敬と嫉みと反感と

机を並べる周りの人たちが出向者に関心を持つかどうかは別として、役員や部長の間には、新しく銀行から人が来たことは瞬く間に広まる。特に役員含みで入社した場合は尚更で、歓迎会で挨拶した内容が次の日には社内に広まっていることもある。

また、銀行出身者を味方に付けようと、仕事上の関係がないにも関わらず、歓迎会を催したいと言ってくる人がいる。そして、その申し出に対し「あの人は要注意ですよ」と教えてくれる人が出てきたりと、**社内の派閥争いに入社早々巻き**

込まれることもある。情報が不足している分、そこは脇を締めてかからなければならないのである。

銀行から来た人に対する社員の感情は複雑である。銀行にいたイコール優秀な人として尊敬してくれる人もいれば、会社に新たな風を吹き込んでほしいと期待を寄せる人もいる。しかし、「銀行の方はすぐに部長になれていいですね」と嫌味たっぷりに話しかけてくる人や、「あいつが来なければ自分が役員になれるのに」と内心穏やかでない人、当人が新しい職場に不満を漏らすのを聞き、「どうして銀行の人はいつでもこうなのか」とウンザリしている人もいるのである。

総じて言えば、**「銀行から人が来ないで済むのであれば、来ないほうがいい」と思っている人が多く、見る目も厳しい。**銀行から来ている別の先輩に対する評価を聞くと、実に的を得ており、感心すると共に恐ろしくなることも多かったりするものだ。

ランク付けされる銀行出身者

「あの人は良かった」「あの人は最悪だった」——銀行から何人も人が来ている会社では、それら銀行出身者に対する〝ランク付け〟が行われる。筆者も第二の職場で、転出向で来た人たちの評価を聞くことがあったが、それは銀行にいた時の評判とほぼ一致しており、「銀行で評判の悪かった人は外に行っても評価は低いのか」と妙に納得したものだった。

しかし、中には銀行での評価は高かったのに、転籍先では評価が今一つの人もいた。不思議に思ってその理由を聞くと、「銀行の話ばかりする」「リスクヘッジを考え過ぎる」など、それなりに納得できる理由の場合もあった。一方で、「あの人は仕事を熱心にしすぎて、みんなとペースが合わなかった」「監査役なのにいろいろ言い過ぎた」など、一瞬耳を疑うような理由のこともあった。そこにその会社の特徴や問題点が表れており、大いに参考になったものである。

失敗を犯さないための7つの教訓

ここで紹介したFさんの事例には、出向した先でどのように周囲に関わればいいか、どんなスタンスで仕事に取り組めばいいか、大切な教訓が含まれている。Fさんの事例から得られる教訓を中心に、Fさんのような失敗を犯さないために必要なポイントを以下に挙げてみる。

①「出羽の守」は嫌われる

「銀行ではこんな文章を書く人はいない」「まだ手作業なのか。こんなのは銀行ではとっくにシステム化されている」――Fさんのように、銀行出身者は出向してしばらくの間、人によっては何年経っても、こうした発言をすることがある。だが、この**「銀行では」というフレーズは転出向先では禁句**であり、「それを言ってはおしまい」なのである。

その会社は銀行ではなく、社員の文章が多少稚拙であろうと、システム化が進んでなかろうと、日々仕事は回っているのである。そこに「銀行では」と上から目線で発言すれば、「何を偉そうに」と反感を買ってしまうことになる。

そして、「銀行では」の口癖が直らないと、最後には「出羽の守(でわのかみ)」と、ありがたくないあだ名が付いてしまうのである。もし、その会社に長く勤めたいのであれば、そうしたあだ名が付く前に**「銀行では」は封印し、周りから「銀行ではどうでしたか」と聞かれた時以外は、この表現は使わない**ようにしてほしい。

②最初から骨を埋める気持ちで

最初の半年くらいは出向期間で、この間に会社の様子を見て転籍を決めるというのが一般的だと思うが、出向先を客観的に見たら銀行に勝てるはずはない。福利厚生、教育研修、システム化、コンプラ体制等、粗（あら）を探したらきりがなく、社員のレベルにもかなりの差があるはずである。

しかし、出向期間は会社の粗を探すのが目的ではなく、自分がその会社で働いていけるかを見極める期間なのである。そのため、**出向したら最初からその会社に骨を埋める気持ちで仕事に取り組む必要がある**。そして、半年経っても会社に馴染めず周囲とも上手くいかなければ、銀行に戻ることを考える必要があるかもしれない。

だが、すぐに頑張ることを止め、粗探しに走るような人は、自分が帰任を考える以前に、先方が銀行に戻ってほしいと思うはずである。

③謙虚な態度で仲間に入れてもらう

会社に馴染むためには、仲間に入れてもらう必要があり、そのためには**「謙虚な態度」が不可欠**である。配属された部署の人たちにとっては、頼んで銀行の人に来てもらったわけではなく、出向してきた人を仲間に加える必要性は特に感じていないのである。時には「また厄介な人が来た」と思っているかもしれず、仲間に入れてもらうには中途入社の人と同じか、銀行出身者への反感も考えると、それ以上の謙虚さが必要かもしれない。

銀行で支店長をしていたような人にとって、「謙虚な態度」は久し振りで疲れるだろうが、それが一般先で第二の人生を始めるということなのである。謙虚に仕事をしていると、少しずつ話しかけてくる人も現れ、「お昼一緒に行きませんか」と誘われるようにもなる。そうなれば、仲間に入れた気がして、とてもうれしいものである。

④頼みごとには喜んで対応する

銀行出身者と見込んで頼みごとに来る人がいる。商売の話で銀行の人を紹介してほしいといったオーソドックスな依頼もあるが、住宅ローンのことを教えてほしい、通帳を紛失してしまったのだがどうすればよいか、など個人的な質問や依頼も多い。

こうした頼み事に対し、「俺は銀行の出張所か」「こんなことをするためにこの会社に来たのではない」と嫌がる人がいるが、**親切に相談に乗り、必要であれば**

銀行に話をつなぐなどフットワークよく動いてほしい。

出向してしばらくは、その会社のためにできることはその程度しかなく、心良く対応すれば社内での印象も確実に良くなるのである。こうした銀行の窓口的役割はその会社を退職するまで、時にはその後も続くが、社内で「銀行の話で困ったときはあの人のところに行けばいい」と評判が立つようになれば、仕事上も大いに役に立つはずである。

⑤「会社を変えてやろう」と思わない

出向したら、**間違っても最初から「この会社を変えてやろう」と思わない**ことである。面接の際に社長から、「この会社を変えてくれ」といった話があったとしても、最初からあれこれと動き回ると、入社式での「失敗を恐れず仕事にチャレンジしてほしい」といった挨拶を真に受けて、大きなミスをし迷惑を掛ける新入行員と同じになってしまう。

また、自分がすぐに会社を変えられると考えること自体が、出向先の会社を軽く見ている証拠であり、「思い上がりも甚だしい」と言われても仕方がない。**ま**

ずは上司や同僚から仕事を教えてもらい、謙虚に与えられた仕事をこなすことから始めることだ。

先々自分の力を発揮する機会は十分にあるにもかかわらず、最初から「仕事の進め方がおかしい」などと騒いだりすると、将来そうした機会が巡って来なくなるかもしれないのである。

⑥指摘や提案は時期が来てから

新しい職場で仕事を始めると、非効率な点が目に付いたりして、「もっと良い方法があるはずだ」と思うことがしばしばある。長年勤めている社員はその方法に慣れてしまっているが、新しい目で見ると問題点や改善方法が見つかるのである。特に銀行員はこうした能力に長けており、瞬時に問題点を指摘できる人も少なくない。

ただ、**すぐに改善提案を行うことは要注意**である。ここが大切な点で、周囲の人から仲間として受け入れてもらう前に提案をしても「ウチは長い間この方法でやっているんです」と言い返され、反感を買ってしまう可能性がある。

また、出向者のほうも「こんなにいい提案をしているのに理解してもらえない。やっぱりこの会社はダメだ」と感じ、タイミングを間違ったばかりに、せっかくの良い提案がお互いを不幸にしてしまうのである。

先々会社に貢献できる材料が見つかったのであれば、それはひとまず記録に残し、来たる時まで保管しておくのが正しい対応方法なのである。

⑦まずはその会社のために汗をかく

最初の出向期間は別として、転籍すれば、給料は言うまでもなく転籍先の会社から支払われる。であれば、その会社のために一生懸命に働かなければならないのだが、銀行から来た人の中にはその会社のために汗をかくことより、会社の批判で忙しい人がいる。

「若い人の教育がなっていない」「部長がこのレベルでは会社が伸びるはずがない」と社内で大声で話している銀行出身者がたまにいるが、周りの社員は「会社は本当にこの人に給料を払う必要があるのだろうか」と思っているはずである。

また、会社に重大な問題が発生した時に、スパイ活動よろしく情報を銀行に漏らす人がいる。しかし、会社再建のために派遣された場合は別として、会社にそうした事態が発生した場合は、まずは経営陣に銀行への報告を促すべきなのである。**こっそり銀行に情報をリークしていることが会社に分かると、それ以降、社内に居場所がなくなる**ことはよく覚えておいてほしい。

4 銀行から「親離れ」し出向先で居場所を得るには

銀行から来た人は驚くほど親離れが下手である。「出羽の守」の話は前にしたが、取引先に対しても接待などで銀行時代の思い出話をする人が多い。そんな時、同席した社員は「この話はいつ終わるのだろうか」とイライラしているものである。

銀行員は会社から十分な給与をもらい、社会的なステータスも高く、愛社精神も強いが、皮肉なことにそれが第二の職場に行って親離れができない原因になっている。

30年近く銀行で生活していれば、親離れは確かに簡単ではないが、「聞かれた時以外は部下や顧客の前で銀行の話はしない」と心掛けることくらいはできるはずだ。しかし、「銀行の話をして何が悪いのか」と思っている人も多く、付ける薬がないのが実態なのである。

「うちの会社」か「この会社」か

銀行の時は入行してしばらくすると「うちの銀行」と自然に言えた。しかし、転出向の場合は銀行からの親離れができず、新たな勤め先を「うちの会社」となかなか言えないものである。そして、何とか早く第二の職場に馴染もうと「うちの会社」と意識的に言っていると、周りの社員から「あの人は無理している」と陰口を叩かれることになる。逆に転籍して何年も経っているのに、相変わらず「この会社」と言っていると「まだこの会社なのか」と悪口を言われたりして、なかなか難しいところはある。

会社の人と一緒に仕事をするうちに会社と自分の距離が縮まり、第二の勤め先を少しずつ「うちの会社」と思うようになるが、最後まで多少は違和感が残るものなので、「第二のふるさと」くらいに思えるようになれば十分合格ではないだろうか。

自分の古巣があるべき姿と考える悲しい習性

銀行からの出向者の大半は「本当にこの会社には人がいない。これで大丈夫なのか」と感じてしまうが、確かに出向先の会社は銀行と比べると人材のレベルにばらつきがあり、層も厚いとは言えないだろう。しかし、よく考えてみると、人材が十分に育っていれば銀行から人をもらう必要はなく、現に東証プライムに上場しているような大企業では銀行からの人の受入れはレアケースだ。取引関係の維持が目的の場合は別として、人材不足を経営陣が日頃から感じているからこそ銀行に人の派遣を依頼するのである。

つまり、人がいないから自分は来ることができ、活躍の場が与えられたわけで、言い方は少し変だが、人材がいないことに感謝しなければならないのである。

銀行は金融庁や社会の目が厳しいこともあり、内部管理体制は比較的良好である。トップがワンマン経営に走った例も無くはないが、ほとんどの銀行は定期的にトップが交代し、権力が集中しない体制になっており、トップの一言で会社の方針が大きく変わることもない。会社の金の私的流用もほとんどなく、万一発覚した場合には厳しい処分が待っている。

しかし、一般先では、ワンマン経営や会社の金での飲み食いは珍しいことではなく、それ以外にも**銀行ではあり得ないことがしばしば起きているのが現実**だ。

それに対し銀行出身者は免疫力がなく、強い違和感や正義感から往々にして「こうした状況を許すべきではない」といった発言をするが、それが時として、閑職への異動などの結果につながってしまうのである。憤慨する気持ちは分かるが、自分の力で現状を一気に改めることは不可能であり、自分に実害が及ばないのであれば、**まずはそれも会社の一部として受け入れるしかない**のである。

社史に目を通しておく

銀行と同じく、多くの会社では周年事業などで社史が作られている。総務部などに問い合わせ、ぜひ一度は目を通しておくことをすすめたい。

昔も今も、中小企業が厳しい環境を生き残っていくのは簡単ではない。銀行のような国からの保護もない中で数々の危機を自らの力で乗り越えてきた中小企業にとって、自分の会社の歴史は極めて重い意味を持つものである。また、社員、特に長く勤めてきた幹部社員にとって、会社の歴史は自分の人生の歩みにも等しい。社史を理解することは、その会社に一員として加わるためにすこぶる有用なのである。

「あの時の失敗の教訓が全く活かされていない」「私は○○で会社が苦しかった頃に入社したのですが」等々の会話が会議や雑談の中で交わされることがあるが、社史をよく読んでいるとこうした会話も理解でき、話に加わることもできるかもしれない。

会社の現状を知るには

会社の現状を知るには実際に仕事をするのが一番だが、最初から難しい仕事は無理なので、まずは若い人と一緒に単純な仕事をさせてもらうのがよい。単純と言っても銀行の仕事とは全く違い、いろいろと教えてもらう必要があり、その過程で専門用語の意味や使い方、判断に当たって大切なポイント、決裁の取り方、各部署との関係等を学んでほしい。

また、彼らと一緒に仕事をしていると、外の世界への興味から金融について教えてほしいと頼まれることがある。その時は「銀行では」を解禁し、様々な金融関連の話題について丁寧に説明し、それと引き換えに日頃思っている会社への素朴な疑問について聞いてみるとよい。若い人はお礼の意味もあり親切に答えてくれるはずで、時には思いもしない話が聞けることもある。

銀行で新人の時に預金事務を経験したことが、支店長や幹部行員になった時に役立った経験があると思うが、こうして**出向先の若手と一緒に仕事をしたことが第二の職場で先々助けになる**のである。

学歴には差があるが

出向先の社員の学歴を見て、銀行との差を感じることがある。銀行では大卒が当然であったが、出向先では最終学歴が様々で、大卒が少ない場合もある。しかし、学歴差イコール社員の能力差とはならず、銀行員には到底真似できない優れた営業スキルを持つ人間や、難しいトラブルにも動じることのない人間、複雑な技術的問題を短時間で解決できる人間が各所にいるのである。

学歴と仕事の能力が比例しないことは銀行にいた時から薄々感じていただろうが、第二の職場に来て、それをはっきりと認識するはずだ。銀行も、学歴をブラインドにして採用を行うべきであると、強く思わされるに違いない。

異動が少ない強み

銀行では癒着による不正防止のため一定年数が経過すると転勤になり、また能力開発を目的に係員は様々なポストを経験する仕組みになっている。それに比べ一般企業では顧客との癒着防止や教育ローテーションのための異動は少なく、入社以来同じポストや職種で勤務し、高い専門スキルを身に付けていく人がいる。そして、そうした人がキーパーソンとなって活躍し、会社が運営されていることが少なくないのである。

個々人にとっては、異動で様々なポストを経験し能力を伸ばすチャンスを失っているかもしれないが、会社としてはその分野に詳しい人が各部署にいることになり、極めて都合の良い体制になっていると言える。銀行の「誰がそのポストに就いても仕事が回る体制」とは全く別物であるが、これも一つの方法であり、限られた人材で会社を運営するための〝生活の知恵〟なのである。

保身第一の人は少ない

銀行はエリートの集まりで出世競争が激しく、また金融という仕事柄リスクに敏感で、保身を常に考えている人が多い。そのために、石橋を叩いても渡らない、会議で責任の押し付け合いをする、膨大な説明資料作成のために残業する、などの非生産的なことが日常的に起きている。

ところが銀行から外に出ると、保身に走る人の割合は大幅に下がる。もちろん失敗したときに言い訳をする人はいるが、物事を始める前から失敗した時の責任回避を考える人は極めて少ないといえる。

限られた人間で仕事を進めており、そこまで考える余裕がないのか、人事評価が減点主義でないからか、いずれにせよ保身に走る人を見る機会が減るのは喜ばしいことだ。そして、自分が銀行時代につまらないリスクヘッジにエネルギーを費やしていたことを、遅ればせながら反省することにもなるだろう。

5 転籍先に貢献する

出向して半年か1年が経過すると転籍の時期となるが、転籍を決断した人の中には、「転籍しても困ったことがあれば最後は銀行が助けてくれる」と退路が断たれたことを十分認識しない人がいる。

仮に転籍した会社が倒産するようなことがあれば、銀行が関連会社を紹介してくれるかもしれないが、銀行が面倒を見るのはこうした例外的な場合に限られる。例えば転籍先の処遇に不満があり銀行の人事部に相談に行っても、出向条件に反していない限り対応は素気なく、自分が銀行内では過去の人になったことを改めて認識するだけである。

確かに退路がなくなることは不安だが、ここしか生きる場所がないとなると、見える景色が変わり、これまでより忍耐強くなって、仕事への意欲が増すなどプラスの面もある。**転籍で退路は断たれたのだということを、ぜひとも前向きに捉えてほしい。**

もし転籍を迷ったら

転籍に迷うこともあると思うが、その場合は次のように考えてほしい。

まず、転籍を躊躇する理由が、その会社の体質や仕事の進め方などに何か我慢できないことがあるためという場合は、転籍はやめるべきである。そこに目をつぶって転籍したとしても、また別の我慢できないことが必ず起きるからである。

また、転籍を躊躇している原因がいじめや無視などに遭ったことである場合も、転籍はやめたほうがいい。出向期間に起きた不幸は転籍後も起きる可能性が高いからである。

あと、会社に大きな問題はないが、転籍してやっていく自信が今一つ持てない場合も転籍は見送るべきである。自信のないまま転籍しても今後訪れる様々な試練に耐えられないからである。

このように**転籍を躊躇している時は基本的には見送りを選択すべき**で、銀行に頭を下げ、他社の紹介を依頼したほうがよい。

どうしたらこの会社に貢献できるか

出向したら、まずは仲間に入れてもらうことが大切だが、転籍前後からは「自分がこの会社にいかに貢献していくか」をよく考えてほしい。なぜなら、第二の職場では、与えられた仕事を決められたとおり、そつなくこなす銀行方式では十分評価されないからである。そうした仕事振りでは「あの人は目立たなかった」「何のために銀行から来たのか分からない」といった評価しかもらえないだろう。「ことさら目立つように」と言うつもりはないが、「大過なく」では物足りない。仕事の中で創意工夫を凝らし、何かを残し、「やはり銀行の優秀な人は違う」と思ってもらえるように頑張ってほしい。

自分が会社のために何かを残し貢献するためには、様々な努力や工夫が必要だが、ここで銀行での経験、知識、人脈がものを言うのである。銀行は組織が整い、教育も熱心で、新しい制度も次々と導入され、その中で長年勤務してきた銀行員は様々な経験をしてきている。それが第二の職場でノウハウになり武器になるのである。

新しい会社でしばらく働いていると、銀行には存在するが、その会社にはないものが実に多くあることに気付くはずである。それを理由に会社を批判するのではなく、いかに自分がこの会社に貢献するかを考える時のヒントにするのである。

ただし、武器は使いようであり、使い方や使う時期を間違うと全く役に立たないことがある。着任早々「銀行ではこんな良い制度があるのに何で真似しないのだ」と言い張り、皆から総スカンを食うのはその典型例である。

自分が銀行時代に得たノウハウや知識は有限であり、「ここぞ」というときに使う必要がある。仕事で問題に直面し、良い対処方法はないかを考えるそのときに「銀行ではどうだったか。どうしていたか」を思い出すのである。

また、銀行の制度が役に立つと思ったときもそのまま導入するのは避けたほうがよい。弊害や副作用が出ることがあるからだ。その会社に合うように加工し、その結果、導入する仕組みが銀行のものとは全く違っていてもよいのである。

銀行のやり方はあくまでヒントで、元のアイデアだけを借用し、その会社に合うように部下の意見を聞きながら一から作り上げるのが成功の秘訣なのである。

よほどの実績がなければ営業担当は避ける

銀行時代の経験や人脈を期待されて営業を任される人がいる。最初の頃は知人の支店長を訪ねて取引先を紹介してもらい、そこに営業を掛けることになるが、支店長の紹介は受付の突破には役立つが、それ以上に商売に有利に働くことはまずない。

また、同じ支店長に何度も頼むことはできず、何年か経つと知っている支店長もほとんどいなくなってしまう。そうなると、あとは実力の勝負となる。銀行時代はメインや準メインの看板、つまりは優越的地位を利用した営業で、顧客も「お付き合い」「銀行との良好な関係維持」のために契約してくれたが、中小企業の営業に看板は関係なく、顧客も付き合いでは買ってくれないのである。

そして、顧客の自分に対する扱いが昔と違い、支店長だから丁寧に対応してくれていたのだということや、自分が顧客に上から目線で営業していたことに気付き、今までの営業は本当の営業ではなかったことを痛感するのである。また、営業は個人の魅力や駆け引きが大切で、売るためにあの手この手が使えないと実績は上がらないことも、その歳になり初めて知るのである。

結論としては、**銀行時代によほどの実績を挙げていない限り、第二の職場で営業担当となることは避けたほうがよい**。転籍先で活躍している営業マンは若いときから苦労し、スキルを磨いてきている。元銀行員がいくら頑張ろうと思っても、年齢やプライドが邪魔して、なかなか難しいものだ。可能であれば、まだ銀行時代のノウハウが生きる、営業「管理」を担当させてもらったほうがよいだろう。

70歳定年になると、第二の職場に15年から20年、銀行在籍30年の半分以上の期間勤務することになる。また、銀行での最初の10年は教育期間的な面もあるため、第二の職場での活動期間は銀行時代と比べても決して短くないのである。そう考えると、早く実績を出し周囲に認めてもらいたい気持ちも分かるが、「急いては事を仕損ずる」で、決して焦る必要はない。

その会社にはその会社の仕事の運び方やペースがあり、それを乱すと周囲から迷惑がられる。山頂を目指して登っていくと徐々に景色が開けるのと同様に、時間の経過と共に会社の様子が分かり、仕事が進めやすくなるので、**先を急がず、着実に前に進んでいくことが大切である。**

第二の職場に嫌気がさしたら

この会社に骨を埋めようと決心し、毎日頑張っても、うまくいかないことはある。思いもしない陰口を叩かれたり、会社に溶け込もうと努力しているのに、

「外から来ている人は」とあっさり言われ、力が抜けることもある。そして、社長の判断に疑問を感じ、人材の薄さに呆れ、いじめとも思える扱いを受け、第二の職場が嫌になってしまうこともある。

しかし、思い返してみてほしい。銀行にいたときも、何もかもがうまくいっていたわけではないはずだ。会社に幻滅し、仲間にグチをこぼしたことも一回や二回ではないはずで、「銀行に比べて何とこの会社はひどいのか」と思うのも、昔のことがすばらしく思えてしまう「三丁目の夕日現象」で、前の職場を美化しているからかもしれない。

ただ、銀行にいたときと違うのは社内でグチをこぼしにくい点である。うっかり弱音を吐くと、あっという間に広まることもある。そこは慎重さが必要で、第二の職場の辛い部分である。

では、どうしたらいいか。社内で弱音やグチをこぼしにくいとなると、**他の一般先で働く昔の同僚と話をする**しかない。こちらの会社の内情が分からず今一つ話が上手く伝わらないこともあるが、不思議と相手も似たような目に遭っており、お互いのストレス発散になることが多い。

話の結論は「これから次の職場を紹介してもらっても、その会社に慣れるのに時間がかかる」「あと5年働けば65歳で年金も丸々受け取れるから、そこまでの我慢だ」など、決して前向きではないかもしれないが、**昔の仲間が同じような境遇にいることが分かっただけで十分で、何となく明日への元気が湧いてくるものである。**

ただ、会社から不正を強要されたり、パワハラを受けているなど内容が深刻な場合は話が別である。まずは転籍先の人事部や信頼の置ける上司に相談することになるが、問題がその会社の体質から来ており、満足な対応をしてもらえないことがある。その時は銀行に相談することになるが、すでに籍がない人間からの話であり、転籍先でよく相談してほしいと

言われてしまうことが多い。

そのため、問題となる事柄については極力具体的に説明するとともに、転籍先でも相談したがサポートが得られなかったことをよく話す必要がある。時には自分の知っている役員などに側面支援を頼むのもよいかもしれない。銀行側もその会社を紹介したことで一定の責任はあり、客観的に見て問題が深刻で対応が必要と判断した場合は、関連会社を紹介するなどしてくれるはずである。

ただし、あくまでそれは例外的な措置であり、**「最後は銀行が何とかしてくれる」といった甘い考えで相談に行くことは止めてほしい。**

仕事人間にならないように

「退職後にやりたいことがある人は早くから準備したほうがよい」と第1章で話をした。ところが第二の職場で仕事が軌道に乗ると、銀行のときと同じように仕事に没頭し退職後の人生の準備を怠ってしまう人がいる。新たな職場に適応したことは誠に喜ばしいが、こうした人は定年退職すると情熱を傾けるものがなくなり、70歳を過ぎて新たに生き甲斐を見つけることも難しく、無為に毎日を過ごすことになってしまうことが多い。

そのようなことにならないように、第二の職場では銀行の時のような「仕事人間」でなく**「仕事とプライベートライフが両立した人間」を目指すべき**で、まずは銀行時代の友人で、趣味やボランティアで毎日忙しい人から話を聞き、いかなるプライベートライフが自分にとって魅力的かよく考えてほしい。

退職しても付き合える人を

第二の職場を退職した後もその会社の人と付き合えたら、会社に馴染んでいた証と考えてよい。銀行時代に友人は数多くできただろうが、第二の職場を退職する頃には疎遠になっている人もいるはずで、**第二の職場で友人ができるかどうかはその後の人生にとって思いのほか重要である。**

もちろん、友人を作ることが第二の職場の目的ではないが、その会社で苦楽を共にし一生懸命働いていれば、自然と気の合う人ができ、一方、腰掛けや外様気分のままであれば友人ができないこともまた真実である。

銀行時代に身につけた経験と能力を「上手に」活かし、焦らずじっくりと努力すれば、銀行で働いていたときにも負けない達成感を得ることが可能で、その副賞が「第二のふるさと」で知り合う友人なのである。

エピローグ

——OBと呼ばれる立場になったら…

世間には、銀行OBというと多額の退職金と年金を受け取り、ハッピー・リタイアを迎えていると思っている人が多い。確かに経済的にはそれは正しいのだが、精神的にはモヤモヤとした物足りなさを抱える銀行OBが思った以上に多いのが現実だ。

Gさんは銀行の関連会社で部長などを歴任し、65歳でリタイア、現在68歳である。もともと酒もタバコもやらない堅実なタイプで、老後を安心して暮らせる目処である2000万円も銀行退職時にはすでに蓄え、今は銀行と国からの年金で悠々自適の生活を送っている。

そんなGさんが、自分が支店長をしていた支店に、改印手続きと運用の相談に訪れたときの話だ。Gさんが同店を訪れるのは久しぶりのことだった。

レイアウト変更があったので、店に入ってまず案内の女性にトイレの場所を尋ねたところ、「銀行にはトイレはありません！」とトイレを借りに来た老人と間違われてしまった。少しムッとしたが、自分が支店長をしていた店でトラブルを起こしてもと、大人しくソファで順番を待つことにした。

しばらくすると自分の番号を呼ばれ、応対に出た女性に自分が以前この店の支店長だったことを話したが、「あっ、そうですか。ところで今日のご用件は」と、あっさり言われてしまった。

Gさんとしては、応接室に通され、お茶を飲んで待っていると、支店長か副支店長が現れ、「僕の頃は来店客が多くて月末は大変でねぇ」「取引先のA社の社長さんは元気か」などと昔話をし、そのうちに手続きが終わり、投資信託の説明を少し聞いて帰ることを期待していたのだった。

改印手続きは思ったより早く終わったが、拍子抜けしたGさんは運用の話をする気にならず、支店を出て、いつもの喫茶店に向かうことにした。

また別の日のこと。

Gさんのメインバンクは当然自分の出身行のP銀行だが、預金保険の保護が一金融機関あたり1000万円までのため郵便局とQ銀行にも預金をしていた。そして、今日パソコンでQ銀行の残高確認をしようとしたが、半年振りであり、2つ必要な暗証番号の一つが思い出せず、結局「支店で新しい暗証番号を登録するまでこの口座の取引はできません」との表示が出てしまった。

覚えていない自分が悪いので仕方がないと近くの支店を探したが、統合で近隣店はなくなり、電車で15分、そこから徒歩10分、ビルの8階の支店まで行かないと手続きができないと分かり唖然としてしまった。

インターネット犯罪防止のためにネット取引は手続きが複雑化し、店舗も統合を繰り返しアクセスが不便になる一方で、困っている老人は多いはずだとGさんは思った。

飲み会で同期の不満が爆発

数日後、その日は気の合う銀行時代の同期との久しぶりの飲み会であった。コロナで中断し3年ぶりだったが、メンバーの一人は昨年亡くなり、もう一人も入院中で不参加であった。残りの5名の参加者が近況を報告し、その後はいつもどおり銀行の話題となった。

Gさんが支店に行ったがあっさり返されてしまった話やネットバンキングの不便さについて話をしたところ、待ってましたとばかりにHさんが口を開き、「後輩のやつらのやっていることが分からん。店に来させないようにして、ネットで何でもやれと言うのか。銀行も人減らしで大変だろうが、我々が苦労して開拓した顧客を簡単に切り捨てていいのか。自分たちのような年寄りはテレビの見たい番組は減るし、スマホが使えないと銀行取引もままならない。脱炭素はいいが脱老人は許さんぞ！」と、日頃から溜まっていたものを一気に吐き出したのだった。

一方、Gさんの隣に座っていたIさんは「この前、後輩の役員と会ったが彼らも困っていた。これまでのビジネスモデルでは生き残っていけないことは分かっているが、どのようなモデルを組み立てればよいのか試行錯誤の部分もあると話していた。繊維業界もフィルム業界も、そして総合商社も構造改革で復活したが、銀行は今が正念場だと思う」と、比較的冷静な口振りであった。

するとHさんが「今でも○○相談役とは定期的に会っている。銀行が変な方向に行かないように相談役から頭取に「顧客第一はいつの時代でも大切なはずだ。今までさんざん儲けさせてもらった高齢者を蔑ろにしてはいかん」と言ってもらうように今度お願いする。あの人もパソコンやスマホはできず、銀行取引は秘書に頼むといっていたので、きっと賛成してくれるはずだ」と大声で言い出したのだった。

Gさんは「自分が火をつけてしまったようだ。○○相談役にまで話が行ってしまうとは…。まさに口は災いの元だ」と後悔し、その日は最後まで大人しくしていた。

何か満たされないものが

従業員1000人以上の企業で企業年金と退職一時金を併用しているのは67・5%で、残りの企業は退職一時金のみであり、退職一時金の平均額も1000万円程度である(『PRESIDENT』2018年1月1日号)。ところが銀行員の退職一時金は現在でも2000〜3000万円で、Gさんの頃はさらに多く、それに加えて企業年金も受け取っているのである。入行時に親類から「これで一生安泰だ」と言われ、当時は意味がよく分からなかった人も、ここに来て銀行の有難みを実感しているはずである。

銀行は戦後、規制業種として超過利潤の恩恵を享受してきたが、バブル崩壊後は環境が大きく変わり今は苦しい状況にある。しかし、Gさんの世代の銀行員はその恩恵を長年にわたり受け続け、銀行を選んだ判断は経済的には間違っていなかったのである。しかしながら「金銭報酬は不十分だとネガティブな感情を呼び起こすが、多く与えたからと言って満足度が比例してアップはしない」と言われているとおり、**銀行のOBも退職一時金と年金が十分なだけでは精神的に満たされない**のである。

リタイア後に趣味やボランティアで忙しくしていても、気持ちの中で「一介の老人」の地位に満足できない人も多く、支店長など過去に銀行で活躍した人ほどその傾向は強い。Gさんも久しぶりに自分が支店長をしていた店に行き、当時の思い出に浸ろうとしたが、トイレが近い老人に間違われ、支店長室へも通されず、失敗に終わった。Gさんの気持ちの中にも、特別に扱ってほしいという思いがあったということだ。

「OBと役員の奥さんに気を付けろ」

以前から銀行の支店でよく言われていたのは「OBと役員の奥さんには気を付けろ」である。

こうした人たちは待ち時間が長くなったり、店頭での扱いが気に入らないと怒り出し、「自分が銀行にいた時はこんなことはなかった」「主人に話をして支店長を注意してもらう」などと言い出すことがあるからだ。Gさんもトイレの件があり、もし改印手続きで長時間待たされたら怒り出していたかもしれない。

昔はベテランのテラーが、よく来店するOBや役員の夫人の顔を覚えており、丁寧に応対していたが、合理化が進む今の銀行でそれを期待するのは無理で、フラストレーションを感じたくないOBは、銀行が勧めるように「インターネットバンキングに慣れ、できることは極力ネットで行い、支店に行く回数を減らす」しかないのである。

退職後に満たされない気持ちを持つ高齢者に対し、新たな生き甲斐を見つけることが大切だとよく言われる。しかし、銀行で偉くなった人は周囲から特別扱いを受けた過去は忘れ難く、それを埋め合わせるほどの趣味や活動はなかなか見つからないものである。

一方、普通の銀行員人生を送ってきた人はこうしたことは特になく、退職後は地域の人と仲良くなり、ボランティアに精を出すなど元気に老後を過ごしていることが多いようだ。人生は思いのほか公平に出来ているのである。

銀行批判で憂さ晴らし？

満たされないＯＢの気持ちの鉾先は当然自分の銀行や後輩に向かう。しかし、「役員の○○はオレの部下だったが、あいつが企画をやっているのだからろくなものが出来るはずがない」と自分の指導不足を棚に上げ、個人攻撃をしたりと、彼らの批判は憂さ晴らしの域を出ないことが多い。それに比べれば、飲み会でのＧさんたちの議論はまだよいほうかもしれない。

確かに世の中の企業は多額の広告宣伝費を使って新規顧客の獲得を行っており、顧客に不便を強い、高齢者やネットに詳しくない顧客を切り捨てる今の銀行の動きに疑問を持つＨさんの怒りについては、賛同する人が少なくないはずである。

しかし、今の銀行を批判するＯＢたちも現役時代には多くの間違いを犯している。まず思い浮かぶのは不動産融資を急拡大したバブル期の銀行の行動である。

しかし、それ以外にも、多店舗展開をしたかと思うと次々とそれらの店舗を閉鎖して地元住民に迷惑を掛けたり、中小企業取引の拡大と称してメガバンクが零細企業にまでアプローチし、数年後には小口取引の見直しを行い取引先を困らせたりもした。

また、収益拡大のためにデリバティブを強引に販売したり、知識が不十分な顧客に投資信託を勧誘し、大きな損害を与えたりもした。

そして銀行の間違いに特徴的なのは、おかしいと思いつつ現場がその方針に異を唱えず結果的に傷口を大きく広げてしまう点である。その意味で、当時現場にいたOBたちにも失敗の責任の一端はあり、大きな顔をして後輩に「君たちは間違っている」とは言えないのである。

これからの顧客が求めるもの

また、Hさんの話は高齢者の意見としてはそのとおりであるが、すべての世代の意見は反映していない。

今の若い人は小さい頃からコンピューターゲームで遊び、スマホを常に持ち歩き、Facebook、Twitter、LINE、instagram、Tiktok、YouTubeなどのＳＮＳを駆使し、休日はPrime VideoやNetflixで映画やドラマを楽しみ、日常の買い物はPayPayやSUICAなどで行っている。当然、ネットバンキングやネット通販にも抵抗感はなく、ＡＴＭコーナーを利用する以外は銀行の支店を訪れず、支店が統廃合になっても困らないのである。

そして、30代以上にもこうした人たちは増え、近い将来には銀行の顧客の大半を占めるはずである。また金融業界にはフィンテックの波が押し寄せ、ビットコイン、クラウドファンディング、ソーシャルレンディング、ＰＦＭ、ロボアドバイザー、給与のデジタル払いなどの新しい金融サービスが次々と登場している。

つまり、これからの顧客が求めるのは支店での親切な応対ではなく、ネットを使っての魅力的な金融商品へのアクセスなのである。そして、そこに必ずしも銀行の存在は必要なく、銀行から預金を移すことにも大きな抵抗感はないのである。

ネット取引についての銀行への期待は「良いサービスを提供するのであれば銀行も利用する」程度で、過去に銀行が本業の金融でこのような立場に追い込まれたことはなく、こうした状況の中で後輩たちはビジネスモデルを再構築し、銀行を再生すべく日夜努力しているのである。

ＯＢに期待される新たな役割

となると、ＯＢが銀行に対し価値のある意見を言うためには、その前に様々なネット関連サービスについて詳しくなる必要がある。そして、スマホは買ったがメールと電話と孫の写真を受け取るだけ、パソコンも年賀状の印刷の時だけというＯＢは発言をあきらめたほうがよいのである。メガバンクのトップに理系の人物が就いているように、銀行は巨大なＩＴ企業に変身中であり、ＯＢたちが勤めていた頃の銀行とは全く異なる企業になってしまったのである。

そして、ネット全般に詳しくなるのは無理だが、それでも何か言いたいＯＢはまず自分の銀行のアプリに詳しくなり、そこで提供される商品やサービスを利用してほしい。そのうえで、ユーザーの観点から気づいた点、改善すべき点を伝えるのである。

金融の知識があるプチ富裕層からの意見や要望は銀行にとって貴重なはずで、また貴重でなくてはならない。

ＩＴ企業は顧客と対面で接する機会がほとんどないため、顧客の意見を大切にする意識が不足し、銀行も変身の過程でそのようになる可能性は十分ある。**ＯＢには単なる批判ではなく、ぜひとも外部からその動きを是正する役割を果たしてほしいものである。**

「金融に強い」は価値がある

最後に少し視点を変え、ＯＢになったときに備え、銀行員生活の後半で何をすべきか考えてみよう。

これまでに述べたように銀行ＯＢは金銭的には恵まれているが、非金銭的には物足りなさを感じている人が多い。金銭的には国と銀行の年金で平均以上の生活が可能であるが、非金銭的には銀行員のステータスが失われ、一介の老人となりフラストレーションが溜まり、不満のはけ口が銀行や後輩に向かってしまいがちだ。

しかし、**OBになり銀行員としてのステータスはなくなっても、銀行員のキャリアを生かすことは十分可能なはず**である。

世の中の人は想像以上に金融のことを知らず、また知りたいと思っている。残念なことに日本の金融リテラシーはOECD内で最下位であり（金融広報中央委員会「金融リテラシー調査2019年調査結果」）、金融教育の必要性が叫ばれ、2022年4月からは高校で必修化されている。一方、雑誌や新聞でも「NISAとは」「賢い住宅ローンの借り方」といった金融関係の記事がしばしば載せられており、親類や知人からこうした質問を受けた経験のある銀行員やOBも多いと思う。

つまり、「金融に強い」「金融の知識が豊富である」「金融のアドバイスができる」ことは予想以上に価値があるのだ。

中小企業の顧問、金融関連のコンサルティング、セミナーの講師、雑誌等の記事の執筆、ファイナンシャルプランナーなど、銀行OBが活躍できる場は数多くある。また、個人の資産形成を助言する国家資格の新設なども話に上がっている。

ただし、銀行ＯＢとしてこのような活動を行うためには現役時代に金融の知識を蓄えることが大切で、**特に銀行員生活の後半に将来を見通し、意識的に知識の向上と蓄積を図ることが必要**である。そして、現役を引退する前から「金融の知識を活かして将来自分は○○の活動をしたいと思っているのでニーズがあったら教えてほしい」と各方面に声を掛けておくと、思わぬ時に思わぬ所から声が掛かるのである。

もちろん報酬的に物足りないこともあるが、そもそも金銭的には恵まれており、自分の金融の知識を活かし、他人に何かを教え、助けることは金銭には代え難いやり甲斐があり、恐らく非生産的な銀行批判などはする気もなくなってくるはずである。

また、準備として日常的に新聞雑誌等を精読し自分の金融知識をアップデートしておく必要があるが、その作業自体が毎日の生活に規律を与えてくれる。銀行員は現役時代に積み立てた年金で豊かな生活を送ることができるが、同じように**銀行員生活の後半で金融知識という非金銭的年金を積み上げれば、退職後にその年金を活用し、有意義な毎日を送ることが十分可能**なのである。

ハッピーな生活の実現に向けて

もちろん金融の分野以外の活動を考える人もいるだろうが、いずれにせよ**大切なのは、退職後いかにハッピーな生活を送るかを現役時代の後半から具体的に考えること**である。

銀行員は与えられた目標の達成を目指す生活が長く、自分で目標を決めることには不慣れだ。退職の挨拶に来た銀行員に「これからは何をするのですか」と聞くと、「しばらくゆっくりしてから考えます」と答える人が多い。

しかし、何をするにも準備が必要で、リタイアする以前からプラン作りを行わないと、時間だけが経過し、新しいことへの意欲や体力が衰え、気分が盛り上がるのは銀行の後輩たちを非難する時だけという、一介の老人になりかねないのである。

リタイア後にいかにハッピーな人生を送るかを考えるのは、それ自体楽しいこ

とである。あちらこちらから集めてきた様々なパンフレットや書類に囲まれ、端から内容を調べ「これをやってみようか。予算的にも無理がなく家族も賛成してくれそうだ」と将来の生活を具体的に描く作業を早めに始めてほしい。

何事も「先手必勝」である。

【著者略歴】
吉村輝寿（よしむら・てるひさ）

1953年 東京都生まれ。東京大学法学部卒。三菱銀行（現・三菱UFJ銀行）入行。人事部調査役、ロスアンゼルス副支店長、新宿新都心支社長などを歴任。セコム常務執行役員金融法人営業本部長等を経て、現在、マネジメントアドバイザーとして企業顧問、執筆、講演等、幅広く活躍中。著書に『支店長殿 ご指南申す』（近代セールス社）がある。

40歳を過ぎたら読む！
銀行員のハッピー・サバイバル術
幸せなリタイアにつなげるために

2023年7月24日　発行

著　者――吉村輝寿
発行者――楠 真一郎
発　行――株式会社 近代セールス社
〒165-0026　東京都中野区新井2-10-11 ヤシマ1804ビル4階
電 話 (03) 6866-7586
FAX (03) 6866-7596

本文デザイン・DTP ― 里村ますお
カバーデザイン―――今東淳雄(maro design)
イラスト―――――五十嵐 晃
印刷・製本――――三松堂株式会社

ISBN978-4-7650-2372-6